예수 그리스도

예수 그리스도

글 김휘건 / 시가·시집

좋은땅

들어가는 말

하나님의 사랑 그 사랑의 의로움
예수 그리스도 그의 순종과 충성
그가 나타내신 주 하나님의 사랑
예수 그리스도 우리의 주 하나님

모든 생명이 하나님의 사랑을 말하여
모든 호흡이 그리스도 예수를 바라니
오직 주 예수만이 주님께 순종함으로
자신을 내어주사 그 생명을 내어주신

주 여호와 하나님 그의 거룩하시고
온전하여 아름다운 사랑 그 이야기
주 예수 그리스도의 순종과 충성의
의로움과 주의 영광의 그 거룩하심

사랑과 믿음의 순종으로
하나님을 경외하게 하니
마지막 때를 겸비함으로
예비하게 하시는 은혜라

인사말

　제 글을 읽으시는 모든 분들에게 하나님의 사랑 그 은혜가 충만하길 바라며 성령 하나님께서 주시는 평안으로 글을 읽어 하나님이 주시는 은혜와 힘을 얻길 바라는 마음입니다. 제 글이 밝히는 바는 하나님의 사랑이며 그 사랑의 결정체인 예수 그리스도이나 이 글이 저의 지극히 개인적인 묵상이다 보니 제 글에 개인적인 생각이나 느낌이 들어갔을 수 있다는 점 미리 용서를 구하며 양해를 부탁드리는 바입니다. 그러니 글에 너무 몰입하지 마시고 그저 하나님에 대해서 알아 가셨으면 하는 바람이며 하나님을 아는 지혜와 지식으로 예수 그리스도를 향한 믿음이 자라나길 바라는 마음으로 글을 써 내려갔음을 알려드립니다.

　하나님은 우리를 사랑하는 분이시나 죄와 악을 미워하여 죄악을 심판하시는 하나님입니다. 그러나 하나님은 우리를 사랑하시는 분이시니 그는 우리를 죄와 악에서, 거짓된 심령에서 돌이키시어 구원의 길로 인도하시는 구원의 하나님이십니다. 제 글을 읽으시면서 여러분들이 하나님에 대해 오해 없으시길 바람으로 하나님의 속성에 대해 짧게나마 서술하였습니다.

글을 쓰면서 제 개인적인 견해는 배제하며 말씀이 말하고자 하는 바를 이 책에 옮겨 담으려고 하였으나 사람의 한계와 부족함으로 성경의 내용을 온전히 다 담을 수 없음을 알려드립니다. 그러므로 제 글을 읽으시다가 궁금한 점이 있으시다면 성경을 읽어 보시길 권해드립니다. 마지막으로 드릴 말은 말씀 안에서 힘을 얻고 하나님을 경외함으로 주 예수 그리스도를 향한 믿음을 굳게 하시길 바라며 '예수 그리스도' 시집의 인사말을 마칩니다.

목차

들어가는 말 ··· 5
인사말 ··· 6

1부

전기 ··· 15
1. 흙으로 ··· 16
2. 룻 ··· 18
3. 보아스 ··· 19

시가 ··· 21
1. 욥의 시험 ··· 22
2. 다윗의 시 ··· 24
3. 솔로몬의 지혜 ··· 26
4. 헛되다 헛돼 ··· 27
5. 아가 ··· 29

대서사 ··· 31
1. 이사야 ··· 32
2. 예레미야 ··· 34
3. 예레미야 애가 ··· 36
4. 에스겔 ··· 37
5. 왕궁의 네 소년들 ··· 39
6. 다니엘의 기도 ··· 41

소서사 ··· 43
1. 호세아 ··· 44
2. 고멜 ··· 46
3. 요엘 ··· 48
4. 아모스 ··· 50
   4-1. 아모스(2) ··· 52
   4-2. 아모스(3) ··· 53
5. 오바댜 ··· 55
6. 요나 ··· 57
7. 미가 ··· 59
8. 나훔 ··· 61
9. 하박국 ··· 64
10. 스바냐 ··· 66
11. 학개 ··· 69
12. 스가랴 ··· 71
13. 말라기 ··· 73

- 1부를 마치며 - ··· 76

2부

Part. 1

1장 … 81	4장 … 103
1. 십자가 … 82	1. 약속 … 104
2. 예수 그리스도 … 84	2. 거짓 목자 … 105
3. 빛으로 … 86	3. 돌이키어라 … 106
	4. 교회 … 107
2장 … 87	
1. 그리스도의 잔 … 88	5장 … 109
2. 생명 … 90	1. 국문하시니 … 110
3. 움돋움 … 91	2. 죄인 … 111
4. 순종으로 … 93	3. 고난 … 113
5. 천년왕국 … 94	4. 나아감 … 114
	5. 애가 … 115
3장 … 95	
1. 경고 … 96	6장 …117
2. 알림 … 97	1. 가지 말아라 … 118
3. 재앙 … 98	2. 동요치 말아라 … 119
4. 아이들 … 99	3. 합하다 … 120
5. 구원 … 100	4. 삶 … 121
6. 나뉘이다 … 101	5. 살아가라 … 122
	6. 그 끝으로 … 123

Part. 2

1장	⋯ 125	**4장**	⋯ 147
1. 좋은 땅	⋯ 126	1. 환란	⋯ 148
2. 호소함이	⋯ 127	2. 여호와의 날	⋯ 149
3. 열매	⋯ 129	3. 그날	⋯ 150
4. 사랑	⋯ 133	4. 엎어진 잔	⋯ 151
2장	⋯ 135	**5장**	⋯ 153
1. '의'(義)	⋯ 136	1. 거짓 선지자	⋯ 154
2. 길 곧 믿음	⋯ 137	2. 우상숭배자	⋯ 156
3. 믿음	⋯ 138	3. 원망	⋯ 157
4. 길	⋯ 139	4. 심판	⋯ 159
3장	⋯ 141	**6장**	⋯ 161
1. 기다리다	⋯ 142	1. 좁은 문 좁은 길	⋯ 162
2. 오심(誤審)	⋯ 143	2. 진실함	⋯ 164
3. 때	⋯ 144	3. 알곡과 쭉정이	⋯ 165
4. 곡우	⋯ 146	4. 돌아오거라	⋯ 167

Part. 3

1장	… 169
1. 음모	… 170
2. 예루살렘	… 171
3. 돌아옴	… 173
4. 변모	… 175

2장	… 177
1. 탐식	… 178
2. 시험	… 179
3. 호흡	… 180
4. 충만함	… 182

3장	… 185
1. 주께 구함은	… 186
2. 변화	… 187
3. 기도	… 189
4. 묵상	… 190

4장	… 191
1. 온유함	… 192
2. 낮아짐	… 193
3. 짊어짐	… 194
4. 예배	… 196

5장	… 197
1. 바람 소망 설렘 기쁨	… 198
2. 즐거워하며	… 199
3. 알게 하심	… 200
4. 성령	… 201

6장	… 203
1. 진리	… 204
2. 말씀	… 205
3. 천국	… 206
4. A_Q	… 207

성전	⋯ 209
1. 왕	⋯ 210
2. 성도	⋯ 212
3. 영화	⋯ 213
4. 영광	⋯ 214
5. 존귀	⋯ 215
6. 권능	⋯ 216
7. 권세	⋯ 217
8. 부	⋯ 218
9. 부귀	⋯ 219
10. 복음	⋯ 221
끝맺음 말	⋯ 224

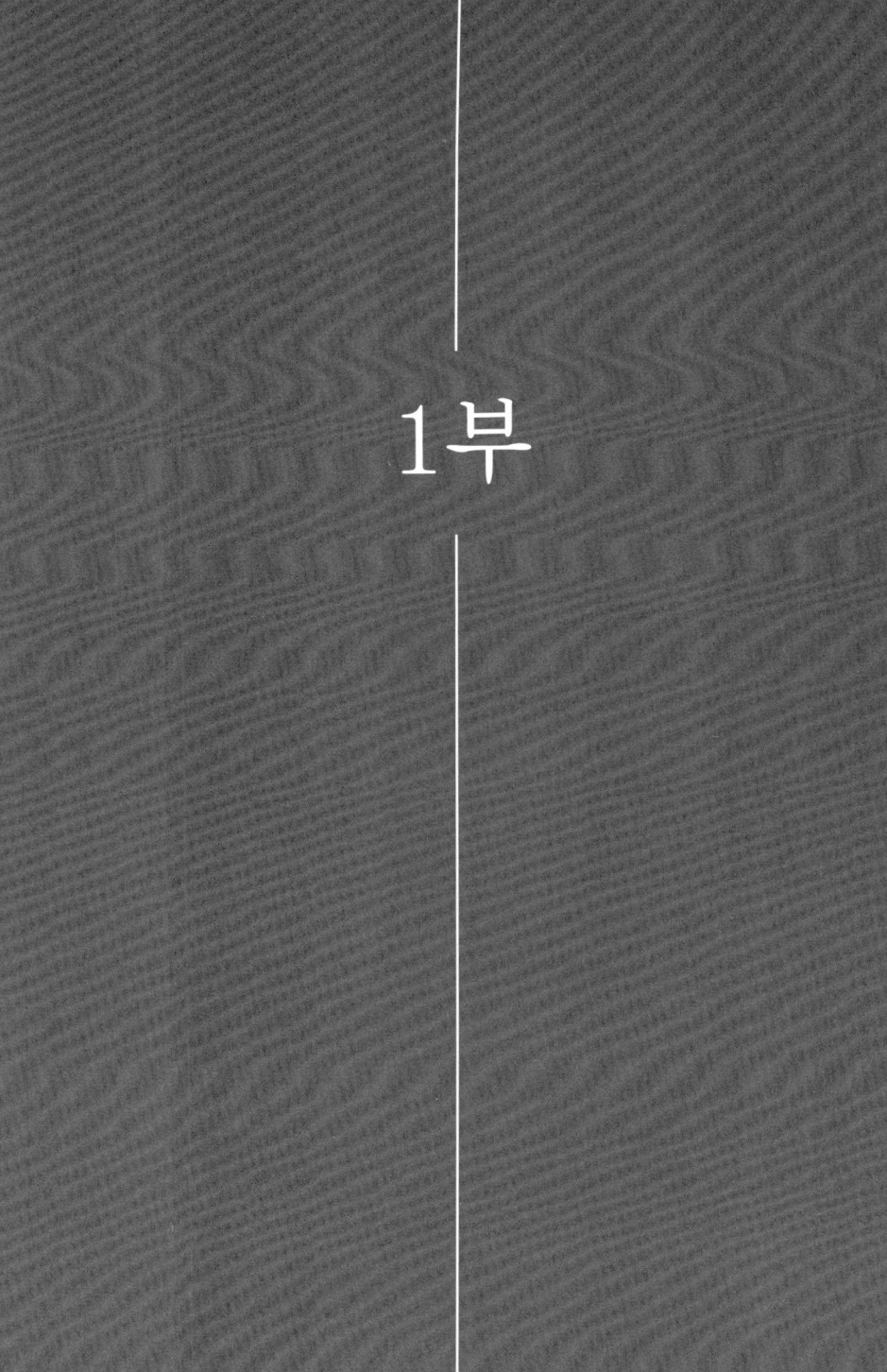

전기

1. 흙으로
2. 룻
3. 보아스

흙으로

너에게 벌거벗음을 알게 함은
수치를 주기 위함이 아니니라
하나님의 사랑을 알게 함이며
감출게 없음을 알리려 함이오

너의 근본 된 토지를 갈게 함은
수고함의 힘듦과 괴로움을 알아
너의 마음이 낮아지길 원함이라

너에게 해산의 고통을 더하니
죄악으로 인해 삶이 고단하여
힘들고 괴로워 애통할 것이나
인생의 결실이 사망의 끝이니
삶이 고난임을 알리려 함이오

그러나 생명이 태어나리니
너희가 고통을 잊어버리고
생명의 기쁨을 누리는도다

하나님께서 너희에게 생명을 주시리니
너희는 주 하나님의 기쁨이 될 것이오
주님의 기쁨은 너의 기쁨이 될 것이라

네 몸이 지은 바 됨을 따라
이 땅의 흙으로 돌아가리니
너의 때가 티끌과 같음이오

죽음을 알아 겸손해지길 원함이라
겸손함으로 영원을 사모할 것이니
창조주 여호와 하나님과 말씀되신
그리스도를 사모하길 원한 것이라

너희가 수치와 수고와 고통
그리고 슬픔과 죽음을 알며
힘듦과 괴로움 그 애통함의
낮아짐과 겸손해짐 그 인내
그 가운데 주를 바라보리니
주를 바라는 너희의 믿음이

생명으로 빛 가운데로
너희들을 이끌 것이라

그러니 주의 사랑받는 자들아
낙심치 말며 슬퍼하지 말아라
주께서 너희를 이끄실 것이라

룻

여호와 하나님을 섬긴다는 이방 사람과
가약을 맺어 혼인하여 그들과 생활하며
여호와 하나님에 대한 이야기를 들었고
하나님을 앎으로 또한 주님을 경외하니
하나님께서 나의 마음을 동하게 하시어

나의 어머니를 사랑하게 하시더라
그를 혼자 내버려 둘 수 없으므로
그녀를 섬기기로 마음을 굳히었고
하나님을 경외하기로 마음을 굳혀
그의 고향 베들레헴으로 올라가니

어머니의 괴로움 중에 나에게는 그녀를 향한 사랑이
사랑하는 마음이 그녀를 향한 섬김이 되게 하시더라

보아스

밭에 나가보니 한 소녀가 이삭을 줍고 있어
시종에게 물으니 나오미의 며느리라 하더라

그녀의 현숙함을 들어보니
그녀의 사랑이 아름답더라
그녀의 행함이 지혜롭더라
그녀의 발이 사랑스럽더라
그녀의 현숙함이 아름다워

그녀를 사랑하였고
그녀를 사랑함으로

소원대로 취하지 아니하며
그녀를 사랑하고 축복하여
나오미의 형제를 찾았으나
그가 이행하지 아니하므로
사랑함으로 그녀를 취하며
아내로 맞이해 사랑했으니

그녀의 현숙한 마음이
내게 사랑을 알리더라

시가

1. 욥의 시험
2. 다윗의 시
3. 솔로몬의 지혜
4. 헛되다 헛돼
5. 아가

욥의 시험

욥이 하나님을 경외함으로 순전하고 정직하여
이를 시험하고자 사단이 그를 넘어뜨리었으니
욥이 하루아침에 그 자녀와 모든 재산을 잃고
그 몸은 악창이 나 종기가 온몸을 뒤덮었으며

욥의 입은 자신을 저주하는 말로 가득하였으니
욥을 위로하러 온 친구들은 욥을 훈계하였더라

그 훈계가 욥을 일으키지 못하며 오히려 그의 화를 돋았으며
그 화가 욥의 입으로 하여 자신의 의로움을 내세우게 했으니

이는 욥이 하나님이 아닌 자기 자신을 바라봄이오
지은 바 된 사람 안에는 다 썩어 없어질 것뿐이니
주께서 그에게 영원에 대한 소망을 주시기 위하여
욥의 마음 가운데 빛을 비추사 어둠을 드러냈으나

사람은 율법 안에 속한 자요
율법 안에서 우리는 죄인이며
죄인이기에 주님을 떠난 자라

하나님을 떠났기에 그가 어떠한 분이신지
그분의 영원하고 온전하신 뜻이 무엇인지

주를 경외하는 자의 시험의 이유가 왜인지
하나님을 떠난 우리가 알 수 없음이었더라

그러므로 주께서 우리에게 빛을 비추시니
그 속에 감추인 어둠이 수면 위로 떠올라
빛으로 하여금 우리들을 깨닫게 하심이며
어두움에 빛을 비추사 돌이키게 하심이라
그가 우리에게 이 땅의 썩어질 것이 아닌

하늘의 영원한 소망을 심어 주시려

죄악에서 돌이켜 깨달아 회개하게 하심이며
회개하여 용서받아 평안을 주시려 함이더라

다윗의 시

우리의 복이 주 여호와 하나님에게 있사옴은
그가 우리를 지으사 호흡을 주셨기 때문이라

모든 근심과 슬픔 두려움과
고통 중에 주님을 예배함은

하나님께서 우리를 시험하사 연단하시어
온전케 함으로 복을 주시기 위한 것이라

근심과 슬픔 중에 하나님을 바람은
나의 삶이 여호와 하나님의 것이오
주께서 내게 낮은 심령을 허락하사
주를 믿는 믿음을 주시려 함이더라

낮은 심령 중에 두려움과 고통을 주심은
두려움 중에 주를 의지하게 하려 하시며
주를 의지함에 고통을 고통 중에 겸손을
겸손으로 주를 바라여 힘을 얻게 함이라

하나님께서 모든 상황 가운데
주를 바라며 의지하게 하시니

근심 중에 믿음을 얻으며
슬픔 가운데 환희를 얻고

두려움 속에서 도리어 힘을 얻어 일어나며
고통 중에 겸손으로 주를 바라게 하는도다
겸손으로 주를 바라여 소망을 품게 하시니

주는 우리를 이끄시는 목자시오
시온의 푸른 초장으로 인도하사

주님의 말씀 안에서 평안을
주님의 꼴을 받아먹어 쉼을

우리로 시냇가에 심은 나무와 같이
그 잎들이 마르지 않게 하시는도다

솔로몬의 지혜

생명을 사랑하는 것이 지혜의 근본이니
생명의 창조주 하나님을 경외하는 것이
총명함과 명철함 곧 지혜의 시작이니라

여호와 하나님을 아는 지혜가
그리스도를 믿는 믿음이 되어
너를 악한 길 곧 패역과 음부
사망에서 건지는 길이 되리니

하나님을 경외하여 생명을 사랑함으로
주의 율례와 법도를 따라 행할 것이오
주 여호와 하나님 앞에 의로써 행하니
근신과 명철이 마음을 밝혀 널 지키며
지혜의 총명이 네 길을 지도할 것이라

주를 경외하는 지혜가 주를 아는 지식으로
여호와 하나님을 앎으로 공의와 공평과 의
예수 그리스도 그 믿음의 길을 깨달으리라

깨달음은 믿음이 되고 그 믿음은 주님을 아는 지식이
지식은 지혜가 되어서 너희들을 빛으로 이끄심이시니
주께서 우리에게 생명을 주사 빛으로 인도하시는도다

헛되다 헛돼

사람은 창조주께서 지으신 바요
하나님께 지음 받은 존재임이니

사람이 하나님과 같이 스스로 존재하는 자가 아니요
창조주 여호와 하나님의 사랑 안에 거하는 존재더라
그러나 하나님을 알지 못함으로 스스로 지혜를 쌓아
높아지려고 하나 지혜의 그 끝은 결국 하나님이시라

하나님께서 말씀에 기록하시어
이 땅의 지혜를 미련하다 하며
눈뜬 자를 장님이라 하셨으니
잠자는 자들과 깨어있는 자들
지혜로운 자와 어리석은 자를
장님과 눈뜬 자 그 선과 악을
하나님께서 지혜의 모든 것을
예수 그리스도 안에 감췄더라

그러니 믿는 자들은 알리라
사랑과 용서 순종의 기쁨을

그를 믿는 믿음 안에 모든 것이 감추인 것을
하나님이 주님을 믿는 믿음 안에 감추어짐을
주 예수를 믿는 백성들에게 기쁨과 즐거움을
평강의 복을 주시려 그리스도 안에 숨었더라

그러므로 주 안에서 모든 일이 헛되지 않음은
그러므로 주 예수를 믿는 바가 헛되지 않음은

주 예수께서 우리를 사랑하사 용서하기 때문이라
그가 우리를 용서함으로 십자가의 길을 걸으시고
그가 우리를 향하여 사랑함으로 다시금 걸으시니
지혜의 그 끝은 사랑과 용서 그리고 용서와 사랑

이는 곧 예수 그리스도 우리 주 하나님
만군의 주 만왕의 창조주 여호와이시라

아가

주께 입맞추기를 원하니 네가 주의 말씀을 사모함이로다
너의 마음이 향기로와 아름다워 주께서 너를 사랑하시니
두 눈에는 평화가 깃들며 네 그 마음은 시온의 수선화요
입의 말은 포도송이 같이 달아 그 입술은 꿀송이 같으니

너의 향기는 가시나무 가운데 피어난 백합화로다

주께서 너를 사랑하사 그의 처소로 이끄사 인도하실 것이니
너의 발이 사랑스러 아름다움은 주의 사랑을 입은 연고여라
네가 노루와 같이 어린 사슴과 같이 그리스도께 뛰나가리니
네가 하나님의 사랑 안에서 꽃봉오리가 맺히며 꽃이 피겠고

계절이 무르익어서 때가 되면
열매를 맺고 향기를 발하리라

너의 그 향기에 새들은 가지에 앉아 지저귀며
노루와 어린 사슴은 그늘에 앉아 쉼을 얻으니

모든 생명들이 네 아름다움을 기뻐하리오
하나님의 사랑받는 자라 일컬음을 얻겠고
문 잠긴 동산에서 주와 함께 거닐 것이라
주께서 너의 향기를 받으사 기뻐하시리니

주께서 북풍을 일으키시며 남풍을 불리우시어
너의 향기를 온 땅과 하늘에 가득히 채우리라
온 땅에 향기가 가득해 온 세상이 아름다우니

주께서 너의 옷을 벗기사 향기롭게 하심이라
다시 옷을 입겠느냐 그저 주님을 사모하리오
주님을 사랑함으로 주의 사랑 안에 거하리라

대서사

1. 이사야
2. 예레미야
3. 예레미야 애가
4. 에스겔
5. 왕궁의 네 소년들
6. 다니엘의 기도

이사야

주 여호와 하나님께서 임하사 말씀하시니
하늘이 귀를 기울이며 땅은 진동하는도다
주 하나님께서 우리를 사랑으로 양육하사
이 땅에 번성함으로 충만하게 하시었으나

주께 즐겨 순종하지 아니하여 인생을 의지하였고
뇌물을 사랑함으로 칼을 의지하여 피를 흘렸으니
네가 주 하나님을 잊어버려 주님을 멸시함이로다

그러니 이 땅의 성읍이 죄로 가득히 차 창기가 되었고
그들의 집은 도적과 짝하여 살인자의 집이 되었음이라
네가 주 하나님을 의지하지 않아 인생을 의지하였으니
노략자들이 네게 임하리오 그들의 발이 재빠를 것이라
주께서 너희가 의뢰하는 모든 것을 끊어 버리심이도다

주 하나님께서 너를 주의 사랑으로 양육하사
아름다운 열매 좋은 열매 맺기를 바라였더니
하나님을 경외하지 않아 들 포도가 맺혔도다

네게 좋은 열매가 없어 너희가 땅에 버려질 것이니
네가 들짐승에게 삼키어지며 땅에서 짓밟힐 것이라
네가 듣고 보아도 깨닫지 못하여 고침 받지 못함은

주께서 네 죄를 네 머리 위에 쏟아부으시는 것이니
네 말이 시행되지 않아 너희가 필경 패망할 것이라

    네가 주 하나님의 말씀을 의지하지 아니하여
    스스로 주인이 되어 너의 말을 의지하였은즉

    네가 이 땅에서 헤매며 곤고하여 주리리오
    너희가 저주를 받아 환난과 흑암이 임하여
    고통 중에 어두운 흑암으로 쫓겨날 것이나

가난하여 곤고한 백성들 흑암 중에 행하는 백성들아
너에게는 빛이 비취리라 주께서 한 아들을 준비하사
그가 너희들의 멍에를 짊어져 네 멍에를 꺾으시리니
압제자의 채찍을 제하여 네게 자유함을 주실 것이라

    이 땅의 하나님을 경외하여 두려워하는 자들
    남겨진 백성들이 주 하나님께 돌아올 것이라

그가 너에게 구원을 베푸사 너를 존귀케 하시리니
그분은 그리스도이시오 전능하신 주 하나님이시오
영광과 존귀를 받으실 평강의 왕이라 불릴 것이라

예레미야

동족들이 여호와 하나님을 멀리하며
우상을 섬기어 죄악으로 치달았으니
동족들에게 하나님의 말씀을 심판의
말씀을 전하며 회개를 촉구하였으나

주의 백성들이 나를 욕하였고
주님의 선지자라 하는 자들은
일어나 나를 치며 대적했으니

내 생명이 바친 바 되어
주께 탄원하고 한탄하며
내 생을 저주하였음이나

주께서 내 생명을 보증하며 신원하시니
그들이 돌이키지 않음을 보게 하심이오
패악과 패역 음행과 우상숭배를 일삼아
유다에 재앙이 내리고 환난이 임하여서
여호와 하나님께 간구함을 보게 하시나

그들의 심중은 주 하나님을 떠나 사납고 포악하여
피를 흘려 탈취를 일삼는 자들이 끊이지 않음이라
저주와 사망아 저 패역한 자들을 삼키어 버리거라

    그들의 인생은 혼곤과 환란 가운데
    수치와 모욕과 환멸로 저주를 받아
    생명은 염병과 기근과 칼에 찔리어
    고통 중에 숨을 거두리라 대언하나

        주는 구원의 하나님이시오
        백성들을 긍휼히 여기시어
        복을 주시는 하나님이시라

유다가 바벨론에 포로로 잡혀갔을지라도
하나님께서 백성들을 떠나지 않으시리니
주의 진노와 분노로 교만하여 악한 자와
거짓 선지자들이 그 백성들 중에 끊기어
주의 백성은 순전한 순종의 열매를 맺어
고국으로 다시 돌아오리라 선포함이어라

예레미야 애가

주님의 백성들이 거짓 선지자들의 말에 미혹되니
그들이 스스로 걸음을 옮겨 멸망으로 향하는도다
주님의 백성이 죄에 사로잡혀 불순함으로 행하니
그 원수가 형통하여 주의 백성을 사로잡음이로다

백성들이 죄악 중에 행하니 이 땅에 진노가 부어지고
분노가 이 땅을 삼키어 사람이 없고 적막함만이 남아
내가 밤새 슬픔에 젖어 애통함으로 곡하여 슬피 우나
나의 사랑하는 자들이 원수가 되니 위로할 자 없으며
시온의 사면이 대적이 되니 그 도울 자들이 없음이라

이 땅에 무엇도 남지 않아 소망이 끊기어 기운이 쇠하고
낙심하여 회개함으로 자리에 앉아 주 하나님을 생각하며
기억하니 우리를 사랑하사 인자와 자비 긍휼이 영원하여

기업이 되시나니 우리에게 참선을 베푸사
주의 구원을 바라며 기다리게 하시는도다
주께서 우리를 고생으로 근심하게 하시나
그 백성을 향한 주의 뜻은 복과 평강이라
비록 내가 마주한 현실이 황폐함일지라도
주께서 그 백성을 사유하사 돌이키시리니
백성들을 새롭게 하시어 복을 주시는도다

에스겔

주는 그의 백성들을 사랑하사 그의 일을 쉬지 않으시니
그들을 감찰하시어 주의 뜻 가운데 모든 것을 운행하사
죄와 악을 심판하시어 진멸토록 멸하시는 여호와이시라

주의 백성들이 이마가 굳고 마음이 완고하여
그들을 돌이키는 주의 말씀을 듣지 아니하니

그들이 죄와 악을 따라서 심판으로 나아가
황무함과 황폐케 됨을 마주하게 될 것이라
죄악이 끝에 도달하여 교만이 꽃 피웠으며
우상을 섬겨 그의 투기를 격발케 하였으니

여호와께서 너희들을 긍휼히 여기지 아니하시는도다
너희에게 평강과 평화가 없어 패망이 이르를 것이라

네 심령은 더럽고 병들어 썩었으나 육신을 회칠하여 치장하니
주께서 분노하사 진노하심으로 너희를 훼멸하여 훼파하시리라
그가 너희를 돌이키고자 하시나 너희가 돌이키지 못할 것인즉

너의 행위대로 네게 보응하사
너희를 향해 진노하실 것이라
네게 향한 분노가 풀리기까지
너희가 돌이키지 못할 것이나

하나님은 악인의 멸망을 기뻐하지 아니하시니
생명을 사랑하사 죄인과 악인에게 말씀하시어
그들을 돌이키시고자 하시는 주 하나님이시라

주 하나님의 진노로 심판 가운데
백성들이 마른 뼈와 같이 쇠하나
주 여호와는 그 백성을 사랑하사
구원하시는 언약의 하나님이시라

주 여호와께서 말씀하시어 그의 말씀을 대언하게 하시니
마른 뼈가 서로 연락하며 살과 힘줄이 붙고 가죽이 덮여
그 속에 호흡을 불어 넣으사 생명이 다시 태어남과 같이
주의 백성이 주의 말씀 안에서 새롭게 되어 다시 태어나
주 여호와 하나님의 구원하심을 마주하여 바라볼 것이라

왕궁의 네 소년들

비록 우리가 이방 나라에 끌려와 포로로 잡혔을 것이나
주 여호와를 섬기는 우리들의 마음은 변치 않을 것이오
하나님을 섬겨 이방 음식으로 배를 채우지 않을 것이며
주님을 섬기듯 이방 나라 사람들의 얼굴을 대할 것이니

    높은 자들과 낮은 자들이
    은밀한 일과 밤의 이상이

      이들의 번민이
      이들의 생명과
      우리의 생명이

    우리가 섬기는 땅과 하늘의 주
    여호와 하나님에게 있음이어라

모든 행사가 여호와 하나님에게 있으니
우상을 섬기는 이방 나라에 있을지라도
주 여호와 하나님을 경외하여 섬기리오

우리들의 마음이 창조주 주님 외에
악한 우상을 허락지 아니할 것이니
그 대적이 우리를 심판한다고 하나

우리는 주 하나님을 섬길 뿐이오
주께서 우리 마음에 하나님 외에
다른 것을 허락지 않음 그뿐이라

주 여호와 하나님을 섬김으로
심판 가운데 오히려 겸손해져
간구함으로 주를 찾고 구하니

주께서 나에게 은밀한 일을 보이시며
그가 우리에게 구원을 입게 하심이오
그가 우리를 세우시어 이방 나라에서

높임을 받게 하시더라

다니엘의 기도

주의 말씀을 깨닫게 하시니
하나님의 임재 앞에 위엄과
두려운 마음이 내게 임하여

마음을 가다듬고 식을 폐하며
베옷을 입어 부정을 멀리하여
일상을 버리어 우리의 죄악과

패역과 행악 그 수욕이 우리에게 있어
주의 법도와 규례를 범한 범죄를 고해
여호와 하나님을 떠났음을 자복하였고

공의가 하나님께 있어 기도하고 간구하여
백성들을 사유하사 긍휼과 용서를 구하며
이스라엘의 시선이 주를 향하길 기도하니
기도를 들으시어 주의 천사가 오시었으며
그리스도께서 우리에게 오실 것을 알리사
영단번제로 자신의 몸을 하나님께 드리어

영원한 죄를 사하여
제사를 금할 것이니
영원한 의가 되시어

영원한 의가 세워지리라
영원한 의가 세워졌으니

죄악이 영원하며
죄악이 영원하니

전쟁이 끝날까지 지속될 것이오
전쟁이 일어나 땅이 황폐하리라

땅 곧 뭍은 하나님의 발등상임이오
모든 생명과 호흡은 주님의 것이니
하나님을 거슬러 심판을 행하는 자

전쟁을 일으켜 황폐케 하는 자들에게
주의 진노가 부어짐을 알게 하시더라

소서사

1. 호세아
2. 고멜
3. 요엘
4. 아모스
4-1. 아모스(2)
4-2. 아모스(3)
5. 오바댜
6. 요나
7. 미가
8. 나훔
9. 하박국
10. 스바냐
11. 학개
12. 스가랴
13. 말라기

호세아

하나님께 순종함으로 디블라임의 딸
고멜을 아내로 취하여 사랑하였으니
그녀가 잉태하여 이스르엘을 낳았고
루하마를 낳았으며 암미를 낳았으나

그녀가 연애하는 자를 따라 나갔으니
그녀에게 하나님을 아는 지식이 없어
음란을 따라 나가 음행을 하였음이라
그녀가 패물로 자신을 꾸며 장식하고
타인을 쫓아 나가니 우상을 섬김이라

그녀가 음란을 따라 행음하였으니
그녀는 음부이라 음부가 되었으나

주가 말씀하시니 내가 말씀에 순종하여
그녀의 값을 지불하고 다시 취하였노라

이는 주님의 백성들이 고멜과 같음이라
주께서 저들을 인도하사 주가 되셨으나
저희가 주님과 그 율법을 잊어버렸으니
주께서 저들과 그 자녀를 잊어버리시어

저들이 벌거벗겨진 바 되리니
저들의 수치가 음행의 값이라
저가 돌이켜 회개한다고 하나
저의 마음에 인애가 없으므로

그 마음이 쉬이 없어지니 저들의
그 예배가 제사와 번제와 같으며

하나님을 알지 못함으로
악한 우상을 숭배함이라

저들이 주를 미워하여 선을 버렸으니
저들이 그의 대적에게 삼켜져 쇠하나

너희는 주께서 심으신 바 주 하나님의 백성이오
하나님께서 너희를 사랑하사 긍휼히 여기심으로
음행의 값을 하나님께서 이미 지불하셨음이도다
주께서 진실함과 신실함으로 너희에게 장가드니

너희가 하나님의 신부가 되어
그를 아는 지식이 충만하리라

고멜

내가 음란히 행하나 저가 나를 아내로 삼아
사랑하니 아들을 낳아 이스르엘이라 칭하여
나로 그의 아내며 저는 그 자녀임을 알리나

　　내가 여전히 음란히 행하였으니
　　딸을 낳아 로루하마라 칭하였고
　　아들을 낳으니 르암미라 부르어

　　자녀들에게는 음란하다고 하며
　　나로 저의 아내가 아니라 하고
　　그는 나의 남편이 아니라 하니

내가 음란을 입어 패물로 나를 치장하며
내 연애하는 자를 따라 행음한 이유더라

　　저가 나의 음란함을 미워하니
　　연애하는 자를 따라 나가리라
　　그와 연합하여 그를 섬기리라

그러나 그를 찾지 못하였스며
오히려 나의 수치가 드러나니
나의 소망이 끊긴 연유이어라

내가 연애하는 자를 따라 음부가 되었으나
나의 남편된 자가 내값을 지불하여 취하며
그가 다정한 말로 타일러 나를 위로하였고
그의 소산을 나에게 주어 소망을 심어주니
그의 진실함이 내게 하나님을 알게 하더라

요엘

메뚜기 떼를 보며 여호와 하나님을 묵상하니
진노의 날에 우리를 돌이키시는 주의 날이라
우리를 돌이키시기 위해 그의 크심을 보이며
주의 임재 속에 우리에게는 두려움이 임하고
두려움 중에 우리에게 슬픔이 임하게 하시니
애통함으로 주의 자비와 주의 인애를 구하며
하나님의 백성을 긍휼히 여기사 뜻을 돌이켜
때를 따라 비를 내리시며 추수하게 하시어서
창조주의 크신 뜻 안에서 기쁨과 즐거움으로
찬양하며 예배할 것을 온 땅에 선포하였으나

    진노의 날은 결국 임할 것이오
    모든 나라가 메뚜기 떼와 같이
    이스라엘을 멸하러 올라옴으로

    두려움 중에 슬픔이 임하리니
    주께서 모든 나라를 대적하사
    주께서 그들의 죄를 읊으리오

그들은 죄 앞에 엎드려지나
주의 백성은 주를 바람으로
주의 구원을 입을 것임이라

주께서 그 백성의 피난처가 되시며
산성이 되심을 모든 나라가 보리라

만군의 주인 여호와께서
그리스도의 백성과 함께
시온산에 거하실 것이니
주 하나님의 거룩하심이
백성들을 거룩하게 하사

주 예수 그리스도의 택함 받은 백성들을
주 하나님 앞에 영원히 거하게 하시리라

아모스

주 여호와께서 말씀하시되 만국을 벌하신다 하시니
주님의 말씀이 심히 두려워 내게 무거운 짐이 되나
하나님의 말씀을 받았으니 예언할 수밖에 없었더라

그들이 자신의 이익을 위하여 이웃을 압박하고
형제에게 분노를 끝없이 품어 칼을 휘둘렀으며
우상에 미혹되어 율례를 버려 주를 멸시함이라
그들이 의인을 죽이며 가난한 자를 학대했으니
바른 일을 할 줄 몰라 포학과 겁탈을 일삼더라

여호와 하나님께서 너희들에게 벌을 내리시되
너희의 죄악을 따라 너희들에게 보응하시리니
여호와께서 그의 뜻을 돌이키지 않으시는도다
그의 불이 맹렬하여 모든 것을 태워 사르리니
네가 이같이 벌을 받음은 하나님을 찾지 않아
죄에 죄를 더하며 악에 악을 더하므로 너희가
여호와 하나님의 진노와 분노를 일으켰음이라

네가 주의 말씀 앞에 엎드러지나
너희를 일으킬 자가 없을 것이니
너의 생명의 주인이 네 자신이라
너희의 죄를 사할 자가 없으므로
네가 다시는 일어날 수 없으리라

그러므로 내 너희에게 권면하니 주를 찾아
그의 율례를 쫓으며 그의 율법을 지키어라
그의 책망과 훈계를 들어 죄악을 미워하고
선을 사랑하여 너의 집에 공의를 세울지라
네가 노략물을 취함과 같이 생명을 얻으리

아모스(2)

여호와의 날이 임하기 전에
진노가 세상에 임하기 전에
분노가 너희를 멸하기 전에

너희는 얼른 달음질하여서
너의 죄악에서 돌이키어라

흉한 날이 가까웠으니

노랫소리를 그치며 술을 금하여
네 안일함으로 거하지 말지어다
너희가 화를 당할까 두려움이라
너희의 마음을 강퍅하게 함으로
하나님의 말씀을 멸시하지 말라
네 정녕 화를 면치 못할 것이니

네 생명의 주인이 네가 아니요
네 소산의 주인이 네가 아니니

네 반드시 주를 멸시한
그 값을 치를 것이니라

아모스(3)

여호와께서 땅에 황충을 풀어 헤치므로
간구하여 그 뜻을 돌이키길 구하였으니
사하사 여호와께서 그 뜻을 돌이키셨고
그의 불이 바다와 온 땅을 삼키려 하여
간구하여 주님의 뜻을 돌이키길 구하니
사하사 주님께서 그 뜻을 돌이키셨으나
주께서 네 죄를 다림줄로 측량하시리니
너희의 죄악이 정녕 용서받지 못하여서
산당과 성소가 훼파되어 황폐할 것이라

네가 죄의 끝에 이르러 악에 이르렀으니
끝이 이르러 용서받지 못한 자가 됨이라
주께서 네 집의 기둥을 치사 무너뜨리며
도망하는 자들은 살육에 엎드려뜨리시니

   범죄한 모든 나라를 그가 멸하시며
   구원 받았다 하여 안일하게 거하는
   모든 죄인을 살육에 당케 하시리라

모든 죄인과 악인과 나라를 멸하여서
주께서 주의 성전을 다시 일으키시니
그 영광이 옛적과 같이 세워지겠으며
주님의 백성과 남은 백성들로 하여금
만국으로 기업들을 얻게 하실 것이니
주께서 그의 백성들을 본토에 심으사
그들로 다시는 뽑히지 않게 하심이라

오바댜

에돔이 교만하여 스스로를 속이어 자신을 높이었고
에돔이 무지함으로 저 자신의 지혜를 자랑하였으니
에돔 그 형제 유다의 재앙의 날에 슬퍼하지 않으며
오히려 기뻐하고 방관하여 그들의 재산을 약탈하고
쫓기는 주의 백성들을 그의 대적에게 넘겨주었더라

    그들에게 하나님을 경외하는 마음이 없어
    그들 마음의 악함이 악행으로 드러났으니

    교만과 욕심과 무지함이 드러났음이오
    세상의 악함과 그 죄가 드러난 것이라
    이와 같이 주의 백성들의 환난의 날에
    세상의 악함이 악행으로 드러나는도다
    악이 그 모습을 완전히 드러낼 것이니
    백성들이 하나님의 성산으로 피하리라
    주 하나님께서 백성들을 사랑하시리니
    그리스도의 백성의 피난처가 되시리오
    하나님께서 그들을 긍휼히 여기시리니
    그리스도의 백성의 산성이 되시는도다

애통과 슬픔 그 환란의 애곡이
임하는 주 여호와 진노의 날에

주님께서 그리스도의 백성들에게
주 예수의 의의 옷을 입히시리오
주님의 백성들이 의의 옷을 입어
주 하나님의 거룩한 백성이 되니
주 예수의 대적들을 사를 것이라
하나님의 공의만이 온 땅을 덮어
주의 정의와 의가 드러날 것이오
주님의 의가 하늘과 땅을 이으니
주님의 백성들이 의의 옷을 입어
그들의 모든 대적들과 싸워 이겨
승리함으로 온 땅을 취할 것이라

이로써 모든 나라가 주 여호와께 속하였으니
오직 여호와 하나님의 공의만이 굳게 서리오
주의 정의와 의가 모든 길을 곧게 할 것이라

요나

앗수르가 이스라엘을 삼키어 괴롭게 하였음이나
하나님께서 니느웨의 백성들을 구원코자 하시니
나의 마음이 하나님의 뜻에 격동하여 분을 내어
주 여호와의 말씀을 피하며 도망하고 숨으려 해
배에 올라탔으나 주 여호와 주님께서 날 찾으사

    바다를 격동시키시니 폭풍으로 인하여
    선원들이 두려워하여 그들의 두려움이
    나를 찾아 나의 죄를 밝히어 이르더라

주 여호와께서 내 죄를 찾아 밖으로 이끌어 내시니
여호와 하나님의 격동하심과 죄 앞에 두려워함으로
나의 마음의 격동함이 가라앉아 심판을 마주했으나

    주 여호와 하나님의 뜻에 순할 수 없어
    차라리 죽음을 택하였으니 바다에 빠져
    바다의 큰 물고기가 나를 삼키었음이라
    내가 물고기 뱃속에서 힘들고 고단하여

구원의 하나님을 찾아 구하고 기도하여 감사함으로
예배를 드리며 서원이 여호와께 있음을 고백함이라

나의 것을 내려놓으니

바닷속 큰 물고기의 뱃속에서 육지로 올라왔으며
앗수르 수도 니느웨에 이르러 심판을 선포했으나
그들이 돌이켜 회개함으로 주께서 노를 그치시니
내 마음이 주의 뜻에 다시 격동하여 분을 냄으로
니느웨의 심판을 바라며 넝쿨 밑에서 기다림이라

그러나 주께서 나를 돌이키시기 위해
내 마음을 격동시켜 깨닫게 하시더라
내가 그들을 미워함으로 분을 냈으니
내가 그들을 용서하지 않아 심판하여
내게 고난과 혼곤과 심판이 찾아오나
주께서 나를 우리를 세상을 아끼시니
고난과 환란과 그리고 말씀을 통하여
회개하게 하사 구원을 입게 하심이라

미가

주 여호와 하나님께서 그의 처소에서 나오사
너희들의 모든 처소와 온 성들을 밟으시리니
네가 허물과 죄악으로 인하여 마음의 심령이
여호와 하나님의 영광 앞에 두려워 떨리로다

그것이 네 음행의 값이로다

간악하여 악을 꾀해 모든 것을 탐하여 취햇으니
욕심의 악함이 이웃들을 겁박하여 학대하는도다
화 있을진저 패역자들아 돌이키기를 싫어함으로
헛된 육신의 욕심을 따라 모든 것을 취하였으니
주 여호와의 재앙이 너의 모든 것을 무너뜨리되
주 여호와 주님의 뜻을 돌이키지 않으실 것이라
너희가 주 하나님의 공의와 정의를 굽게 하여서
모든 말과 행위가 굽어 너희의 믿음이 굽었은즉

선인이 없어 의가 없으니 의인이 없어
주께서 그의 공의와 정의를 곧게 하사
모든 것이 그의 진노 아래 살라지리라

그러나 주 여호와를 의지하는 의의 백성들은
주 하나님의 의를 마주하리니 여호와의 의가
빛이 되사 우리를 광명에 이르게 하시는도다

주 하나님이 없다 하여 주인을 자처하는 자들아
너의 믿음이 수치가 되어 네 부끄러움이 되리라
너의 말이 거짓을 발하여 거짓으로 옷 입었은즉
말과 행위의 열매를 취해 너희가 황무할 것이라

나훔

네게 주 여호와의 투기와 보복이 있으리니
네가 하나님의 뜻을 거스려 악을 행함이라
그가 분노하사 진노하심으로 꾸짖으시리니

바다는 잠잠할 것이오 바람은 점점 거세게 불고
바람이 구름을 움직여 태풍의 그 징조가 나타나
태풍이 강을 말릴 것이니 식물들이 시들어 죽어
산이 무너져 내리며 바위가 떨어져 내릴 것이라
이 땅 세상에 거주하는 사람들이 그 흙무더기와
그 바위에 깔려 시체들이 땅에서 올라올 것이니
주 여호와 하나님의 분노와 진노하심 그의 불이
너희를 진멸토록 멸하사 흑암으로 쫓아내심이라

네가 꾀하여 악을 도모하며 악행을 권하니
너희의 수가 많아 강대함으로 강할 것이나
필히 멸절당할 것이니 주 여호와 하나님은
공의와 '의'를 행하사 심판하시는 주시로다

하나님의 백성들아 예수 그리스도의
의를 바라며 믿음으로 나아올지어다

죄의 짐을 깨뜨리어 죄의 결박을 끊었으니
너는 주 여호와 하나님 앞에 나아올지어다

악의 치리자가 너희를 멸하러 올라올 것이나
여호와께서 네 허리를 동이며 머리를 동이사
그리스도 예수께서 네 믿음을 굳게 하시리니
네가 다시는 약탈을 당하지 않게 하시는도다
주 예수를 향한 믿음으로 하나님의 말씀으로
굳세어라 견고하라 너의 믿음을 굳게 할지라
너의 대적들이 너희를 멸하러 올라올 것이나
널 당해내지 못하여 죄 앞에 엎드려지는도다
네 믿음의 반석과 하나님의 거룩하심 앞에서
수치와 수욕으로 그의 나체를 드러낼 것이라

견고함 앞에 기운이 쇠하며 낙담하여
그들의 땅은 공허하여 황무할 것이라

그들의 땅에 궤휼과 강포가 가득해 패역과
패악 행악과 악행이 떠나가지 않을 것이니

여호와께서 그들의 대적이 되시어
네 대적자들을 끊어 버리실 것이라

그들이 마술과 음행으로 온 나라를 미혹하여 유혹할 것이니
그들이 수치와 수욕을 당하며 능욕과 구경거리가 될 것이라
악을 일삼는 자들아 도망하여 피난처를 찾아서 숨어 보아라
패역한 자들아 너의 산성으로 도망하며 피하여 숨어 보아라
주 여호와께서 너희를 찾을 것이니 네가 두려움에 떨리로다
그의 분노 앞에 군대는 여리어 약하며 산성은 사르어지리니
여호와의 분노에 삼키어져 고통 중에 수욕을 받아 죽으리라

모든 나라가 네 죽음을 기뻐하리니
네 악이 수욕과 사망을 불러옴이라

하박국

주 하나님의 인도하심 아래 가나안에 이르렀으나
심중에 여호와 하나님을 경외하는 마음이 없으니
믿음의 선진들이 율법과 하나님의 말씀을 통하여

세상의 악함과 우리의 죄악을 읊으며 밝혀 일러
죄와 악을 따라 심판과 주의 구원을 선포했으나

오히려 더 교만하여 강포하고 간악하며 패악으로
겁탈을 일삼았으니 변론과 분쟁이 끊이지 않더라
이 땅의 모든 거민들이 그들의 죄와 악을 따라가
사납고 두렵고 성급하여 강포를 행하는 자들에게
수치와 모욕과 환멸과 비웃음을 당하며 죽어가니
세상이 완전히 어둠으로 죄와 악으로 물들었더라

공의가 굽어 정의가 없으리니 의인도 없으리오
의인이 없어 주의 백성이 각기 제 길로 행하나

그는 공의로우사 자비를 행하시며 긍휼을 베푸사
그의 백성을 구원의 길로 이끄시는 하나님이시라
의인은 믿음으로 말미암아 살리라 말씀함과 같이
예수 그리스도를 믿는 믿음에 이르러 '의'를 입고
주의 거룩하심을 보며 공의와 정의를 소망함으로

   의를 행하게 하사 주의 영광이 온 땅을 덮어
   주를 인정하는 것이 세상에 가득함을 봄으로
   밭에 소출이 없으며 과실이 없어 주릴지라도

주의 구원으로 인하여 기뻐하고 즐거워하며
주의 공의와 정의와 의와 그의 사랑 안에서
주의 아름다우심을 보며 자유함을 맞이하리

스바냐

주 여호와 하나님께서 이 땅 지면에 거하는
모든 생명들을 진멸하사 멸절시키실 것이니
우상숭배자와 배반자 패역하여 패악한 자와
믿음 없는 세상의 온 거민을 멸하실 것이라

그날 곡성과 애곡과 고통 슬픔과 부르짖음과
무너짐이 있으리니 뭍 이 땅의 피가 그 죄가
네 악함을 주 여호와 하나님께 고하였음이라
태양은 어두워지며 구름은 온 하늘을 덮으니
주 여호와 하나님의 분노와 진노가 임하리라
이 땅에 여호와 하나님의 진노만이 가득하니
심판과 사망이 너희를 삼켜 악취가 진동하며

    이 땅이 피로 물드나 뭍이 네 피에
    대해 하나님께 고하지 않을 것이니
    너희의 죄의 악함이 영혼과 육신을
    썩게 하였으며 너희들의 피도 썩어
    이미 썩어 버려진 너희들을 어떻게
    용서하며 생명을 주어 살릴 것이오

너희가 이 땅에서 완전히 내쳐짐으로
너희가 버려진 바 됨을 마주하는도다
여호와 하나님의 율례와 법도를 따라
그의 의를 믿는 그리스도의 백성들아

주 여호와 주님의 분노가 이르기 전에
주의 진노하심이 이 땅에 이르기 전에
주 여호와 주님 앞에 겸손으로 나아와
주의 의를 바라여 주 예수를 바랄지라
곤고하여 가난한 그리스도의 백성들아
그리스도의 이름으로 비호를 받을지라
너희가 하나님의 도우심을 구하였으니
주의 긍휼을 입어 숨김을 얻을 것이라

쭉정이는 모아서 불에 사를 것이며
가라지도 뽑혀 불에 태워질 것이니
여호와의 날이 지나고 악이 끊어져
죄와 악이 사라짐을 마주할 것이라

그날에 모든 나라가 그리스도의 이름으로 일어나
주 여호와 하나님께 나아갈 것이니 그리스도께서
그 원수를 쫓아내사 우리의 형벌을 제하셨음이라

주 예수 그리스도께서 교만을 제하셨으므로
그리스도의 백성이 온전히 주님만 바라리라
여호와의 화를 입을까 두려워하지 아니하니
그리스도께서 우리에게 그의 구원을 베푸사
그리스도 안에서 열방을 깨끗하게 하시었고

주 예수의 영광으로 성도들의 인을 치셨으며
그의 백성들로 칭찬과 명성을 얻게 하셨으니
온 땅들이 여호와 하나님의 영광을 바라보며
예수 그리스도 앞에 나아가 주를 예배하리라

학개

이들이 성전을 견고케 하는 일에 열심이 없으니
이들이 자기 집짓는 일에는 혈안이 되어 빠르나
교회와 성전이 된 자신의 몸을 돌보지 않음이라
이들이 주 하나님을 경히 여겨 그릇되어 행하니

      이들의 손이 부정하여
      일하는 것이 부정하며
      드리는 것이 부정하되
      아무것도 알지 못하니

주께서 이 땅에 한재를 임하게 하사
이 땅으로 그 소산을 멈추게 하시며
소산이 없으므로 육축이 죽어나가니
백성들이 굶주리어 식물을 찾았으나
아무것도 찾지 못하여 굶주리었더라

너희의 갈함이 육신의 갈함이 아니요
너희의 성전된 몸이 허물어진 이유니

너희는 스스로를 굳세게 하여
성전된 몸을 견고케 할지어다

하나님께서 함께 하신다 말씀하시니
제사장들아 주의 백성들아 열심으로
너희의 몸을 성전으로 일으킬지어다

그가 크신 영광으로 네게 임하실 것이니
주 예수의 영광 안에서 평강을 얻으리라
주 여호와께서 열국을 엎어 멸하실 때에
그로 인을 삼으사 너를 구원하실 것이니
하나님께서 너희를 택하여 부르심이도다

스가랴

주 여호와 하나님께서는 청종과 순종을 원하시니
예수 그리스도를 따라 하나님께 청종하는 백성들
성도들이 예수 그리스도의 사랑을 입을 것임이오
청종하지 아니하는 자들은 악을 일삼는 자들이니
주 여호와의 불이 그를 대적하는 모든 자를 살라
그 패역한 백성들로 하여금 황무하게 하시는도다

    주님의 백성들아 주 하나님을 예배하여
    예수 그리스도 그 이름을 송축할지어다
    주께서 그의 백성들의 불성곽이 되시며
    하나님께서 친히 그들의 영광이 되시어
    너를 범한 자를 책망하사 물리치시리오
    그들로 하여 노략거리가 되게 하시리니

    백성들아 주께 돌아와 회개하며
    주의 일하심의 행함을 송축하라
    주 여호와 하나님께서 너희들을
    예수 그리스도 안에 속량하시어
    너를 구속하여 구원을 베푸시니

너의 죄의 그슬린 더러운 너의 옷을 벗기사
주 예수 그리스도의 의의 새 옷을 입히시며
너희에게 그의 정한 면류관을 씌우시는도다

주 예수의 의의 옷을 입고 면류관을 받아
예수 그리스도의 행하심의 순종을 따라서
주 예수의 계명에 순종함으로 청종할지라
주 예수 그리스도께서 너희와 함께하시어
주 하나님의 영광을 열방에 나타내시리니
주 여호와 하나님의 아름다움의 형통함이
주 여호와 주님의 땅에 크게 빛날 것이라

하나님께서 백성들에게 친히 구원을 베푸실 것임이니
그들을 인도하사 연단하며 단련하여 정결케 하는도다
그는 겸손하여 어린 귀를 타고 오사 그의 백성들에게
구원을 베푸시어 온 세상에 화평을 전하게 하시는 주
찬양과 찬미를 받으사 영광과 존귀를 받을 구원의 주
예수 그리스도 우리의 창조주 여호와 하나님이시니라

말라기

주 여호와 하나님께서 우리들을 사랑하심을
이삭의 아들 야곱을 사랑하사 구원하심으로
에서는 미워함으로 그들의 산업을 무너뜨려
그들의 땅이 황무함과 황폐함을 보이셨으나

우리가 악하여 주 여호와 하나님의 말씀을
주 여호와 하나님의 사랑을 믿지 아니하니
주 여호와 하나님의 성전에서 악을 행하며
강탈하여 빼앗은 것을 주님 앞에 가져오며

그들의 마음은 하나님에게서 떠나
더럽고 병들어 회개함이 없었으니
하나님께서 레위와 세우신 생명과
평강의 언약을 우리가 깨뜨렸더라

주 여호와 하나님을 경외함이 없어 두려워하지 않으니
진리를 말하지 않으며 이 땅 우리에게 그 진리가 없어
여호와의 백성들이 정도에서 떠나 율법 아래 거하였고
율법은 공평히 판결함이 없어 공의와 정의가 없었더라

우리가 저주를 받아 그 모든 백성들 앞에서
멸시와 천대와 수치와 모욕을 당하였음이라
백성들이 간악하여 거짓된 말을 꾸미었으며
하나님의 성전에서 가증한 일을 행하였으니

주 하나님의 언약과 거룩함을 멸시하여
주 여호와 하나님을 욕되게 하였음이나
여호와께서 경건한 씨 하나를 예비하사
하나님의 독생자를 이 땅에 준비했으니
너의 거짓된 심령을 돌이키기 위함이라

주님께서 너희의 마음을 연단하여
굳세게 함으로 깨끗하게 하시리니
그의 백성들이 겸손과 온유함으로
주님께 나아가 청종하며 순종하여
주 예수 그리스도 우리 주 하나님
그 정의와 그 의를 나타낼 것이라

그 날에 네가 예수 그리스도께서 하나님 되심을
목도함으로 여호와 하나님의 영광을 바라보리니
주 예수 그리스도께서 온전히 네 주인이 되시어
하나님의 전에 온전한 너의 헌물을 드릴 것이라
주께서 네게 소출과 가축의 풍족함과 부와 귀를
네 땅에 하나님의 공의와 정의가 충만함의 보아
네 땅이 복되다 가히 아름답다 칭함을 얻음이라

      그러나 여호와의 날이 임하리니

이 땅의 모든 거짓된 것들을 멸하기 위해
이 땅에 주 여호와의 심판이 임할 것이라
그날에 주께서 의인과 악인을 분별하시며
주 예수의 백성과 이방인을 구분하시리라
악인과 이방인은 초개와 같이 사르어지나
주께서 선지자를 예비하셨으니 그로 인해

주를 경외하는 자는 그리스도께 나아가는도다

- 1부를 마치며 -

이 땅의 모든 사람들이 하나님을 떠났으며
이 땅 모든 사람들이 하나님께 범죄했으니
주의 율법이 백성들의 죄와 악을 알렸으며
주를 믿는 믿음의 선진들이 심판을 알리나
이 땅 우리들의 소망이 끊기지 아니했으니
여호와 주님의 사랑이 이 땅에 머물렀더라
긍휼을 입은 백성들이 이 땅에 거하였더라
주의 백성을 향한 말씀이 끊이지 않았더라

백성들이 그의 언약을 깨뜨려 선악을 알게 되었고
선악을 알아 판단하는 마음 심판하는 마음이 생겨
그 마음과 생각에 미움과 시기 질투가 들어왔으니
그들이 주의 사랑을 알지 못해 각자 제 길로 떠나

주께서 우리에게 율법을 주사 죄를 알렸고
하나님의 택한 선진들을 통해 심판을 알려
그에게 죄의 짐을 지웠으나 회개치 못하니

그들의 죄짐이 무거워 고개를 들지 못하며
심판에 대한 두려운 마음이 눈을 가렸더라
주 하나님의 백성이 주께 등을 돌릴지라도
주 여호와 하나님의 사랑은 변치 않으시니

     우리들의 모든 생명과 호흡
     우리들의 모든 힘과 지혜가
     우리의 그 모든 아름다움이

주 하나님의 지으심 받은 생명의 본체
창조주 여호와 하나님의 형상이었더라
그러니 주의 긍휼과 주님의 그 말씀이
주 하나님의 백성을 다시 찾을 것이오
주 예수의 백성이 다시 주께 돌아가면
그리스도를 따라서 순종으로 충성하여
그리스도 주의 사랑 안에 거할 것이라

2부

part. 1

- 1장 -

1. 십자가
2. 예수 그리스도
3. 빛으로

십자가

하늘과 땅 뭍 그리고 바다 그 거하는 모든 동식물들
주의 자녀 된 그의 백성들 지음 받은 모든 생명들을
그가 사랑하고 용서하사 그의 생명과 호흡과 자유를
창조의 섭리 그 생명들의 충만함과 호흡의 신령함과
자유의 참 기쁨을 주셨으니 여호와 하나님의 말씀이

        주 예수 그리스도를 향한 믿음을
        믿음의 의를 성령의 열매를 맺혀
        주의 율례를 따라 순종할 것이니
        이 땅 곧 뭍과 하늘 그리고 바다
        세상에 거하는 그 모든 생명들이
        그리스도의 정의를 나타내는도다

그리스도의 백성들아 하나님의 사랑으로 완성된
온전하고 완전한 그리스도의 왕국으로 나아가라

예수 그리스도 주 여호와 하나님의 왕국아

네가 십자가 안에 거하리니

주 예수께서 알게 하시는도다
주 예수의 행하심의 순종함을
여호와 하나님을 나타내 보여
그가 우리로 알게 하시는도다
우리가 주 예수께 나아가리니
주 하나님을 마주하여 봄으로
예수 그리스도를 향한 감사와
예수 그리스도를 향한 사랑이
믿음이 마르지 아니할 것이라
그리스도 그 사랑의 진실함이
그의 성도에게 자유함을 주사
의의 사랑으로써 품고 다스려

그 주인 되신 여호와 하나님의 공의를
주 예수 그리스도 그분의 의와 정의를

십자가에 깃든 생명의 충만함을 나타낼 것이라

예수 그리스도

고난과 환란과 죄악 가운데 애통해함으로
슬피 울며 부르짖음으로 회개함을 받으라
회개함으로 주 여호와 주님의 구원하심을
바라고 구하며 간구하여 기도함으로 찾아
주 예수 그리스도 그 믿음의 문을 열어라
주께서 우리에게 허락하신 문으로 들어가
감사로 주님을 예배하며 그의 구원하심을
찬양하여 찬미함으로 주 예수께 화답하여
주 예수 그리스도 그의 믿음의 의를 입고
죄사함을 받아 믿음으로 하나님께 나아가

그의 믿음과 순종과 충성 십자가의 사랑과
그의 지혜와 존귀와 권능과 권세와 영광과
주의 권위와 존위와 위엄과 두려움 가운데
주의 공의와 정의와 그 아름다움을 바라며

하나님을 경외함으로 경배함으로 거룩함을 입어
주께서 우리를 인도하시는 믿음의 그 길 위에서
하나님께서 뜻하신 예수 그리스도 그 길 위에서

  하나님의 공의와 정의를 바라여 간구함으로
  찾고 구하고 두드리며 회개함으로 나아가라
  뉘우치고 돌이키고 깨달아 알며 반성함으로
  회개로 믿음으로 생명으로 빛으로 나아가라

    예수 그리스도를 믿는 믿음의 길에서
    죽음과 고통과 죄악에서 구원의 길로
    수치와 모욕과 환멸에서 생명의 길로

      그에게로

      말씀으로

      순종으로

        .
        .

빛으로

너희들이 주 하나님께 나아가고자 하되
오히려 너희들의 죄와 악이 드러나리니
우리들이 죄악 중에 태어난 연고이더라
죄악이 드러나니 네가 구원을 바람으로
거짓 선지자에게 나아가 기적과 이적을
구하나 도리어 죄와 악으로 치우치리니

    네가 예수 그리스도를 멸시하여서
    그저 구원을 얻길 바라였음이어라

하나님을 경외하는 자는 그를 두려워하여
그리스도께 나아가 자신의 죄를 자복하니
그가 우리를 용서하사 구원을 베푸심이여
저의 두려움 가운데 믿음을 허락하심이라
주를 경외하여 두려워하는 주의 백성들아
하나님의 긍휼을 입고 믿음을 취함으로써
너희의 거짓된 심령에서 돌이켜 회개하여

    하나님을 아는 지혜와 지식으로
    빛으로 나아가 구원을 얻을지라

- 2장 -

1. 그리스도의 잔
2. 생명
3. 움돋움
4. 순종으로
5. 천년왕국

그리스도의 잔

주 하나님을 알지 못하여
나에게 사랑이 없을 때에
내가 예수님을 알지 못해
나에게 믿음이 없을 때에
그가 나를 사랑하심으로
나에게 사랑을 주었으며
그가 나를 용서하심으로
나에게 믿음을 주셨으니
주의 그 사랑과 용서가
고난과 환란 중 믿음을
믿음의 환란 가운데서
인내의 연단과 소망을
죄와 악에서 구원을
슬픔에서 기쁨을
희락과 화평과
참선이 낙을

주 여호와 하나님 주님의 공의와 정의와 의
예수 그리스도의 영광을 얻게 하심이었더라
창조주 여호와 주께서 우리를 사랑하심으로

예수 그리스도의 용서하심이 내 마음을
시선을 주 여호와 하나님에게로 돌리며
예수 그리스도의 사랑이 우리의 마음을
주 여호와 하나님에게 향하게 하시리니

    창조주 여호와의 사랑으로 인해
    여호와 하나님께 나아가기 위해
    우리 주 하나님 앞에 서기 위해
    주 예수 그리스도를 사랑하기에

우리 안에 깃든 육신의 모든 것을 내어 버리리라
이는 주 예수께서 세상을 사랑하사 용서하심이라
이는 주 예수께서 우리를 사랑하사 용서하심이라
주 예수께서 우리를 주님의 사랑으로 용서하시며
사랑으로 인도하시니 주 예수의 인도하심을 따라
의의 옷을 입어 순종함으로 충성되어 나아감이라

생명

여호와 하나님께서 모든 생명을 지으시고
복을 주사 번성하여 충만하게 하시었으니
주를 아는 것 그것이 생명을 아는 것이라

그러나 주 여호와 하나님을 아는 지식이 없어
포악함으로 강탈과 겁탈 행악들을 일삼았으니
여호와 하나님께서 우리를 불쌍히 여기셨더라

오직 여호와 하나님께서 생명을 귀히 여기셨으니
그리스도께서 생명의 존귀를 알아 진실히 행하여
자신의 그 모든 것을 우리들에게 내어주셨음이라

그러므로 하나님께서 그를 존귀케 하시어
능력과 권세와 영광을 받도록 하시었으니
그리스도께서 우리를 존귀케 하실 것이라

하나님께서 그리스도를 통하여 행하시니
그 사랑의 진실함이 우리의 모든 슬픔과
고통을 신원하시어 생명을 주심이었더라

움돋움

겨울이 지나
봄이 다가오니
찬바람이 그치고
따스한 봄 햇살이
땅을 적셔

생명이 다시금
움트기 시작하더라

양지바른 좋은 땅에 씨를 심기우고
물을 주며 말을 건네어 본다

움돋아라
싹트어라
자라나라
맺히어라
피어나라

생명아 힘찬 기운으로 일어나
그리스도의 향기를 발할지라

너희는 하나님께서 심으신 바
주 예수 그리스도의 백성이오

주 여호와 하나님의 긍휼을
주 예수의 사랑을 입었노라

그러니 주의 사랑아
그러니 주의 백성아
그의 말씀에 힘입어

생명의 힘찬 발걸음으로
주 예수께 나아갈지어다

십자가 생명의 길
주 예수 그리스도

하나님의 왕국으로

순종으로

주께서 우리에게 고난을
그 고난 중에 죄와 악을
용서하사 허락한 것이니

우리가 죄와 악에 대하여 깨달아 스스로를
낮춰 그 겸손함을 배우게 하기 위함이니라
겸손함으로 스스로를 낮춰 주를 볼 것이오
우리 죄를 용서하신 그리스도를 볼 것이니

주의 도우심으로 사랑과 용서를 배울 것이오
우리가 사랑과 용서를 배우니 용서와 사랑이
주께서 허락하신 힘이며 평강임을 알 것이라
자신을 낮추어 겸손함을 배워 순종할 것이니
순종함으로써 화평과 희락으로 즐거워하리오
주께서 자신의 모든 것을 내어주심을 알리라
우리가 온전히 주 안에서 감사하며 뛰놀리니

천년왕국의 시작이라

천년왕국

우리를 용서하시되 모든 죄를 용서하시니
교만하여 죄악으로 치우치는 자가 없으며
우리를 사랑하시되 모든 것을 내어주시니
패역하여 하나님을 거스르는 자가 없더라

주 예수께서 우리가 죄인임을 알리시니
우리 모두가 그리스도께 용서받은 자로
서로 사랑하여 섬기게 하기 위함이어라
이로써 그가 왕으로 우리를 다스리시니

주 하나님의 사랑이 물이 바다를 덮음같이
온 땅을 덮어 공의가 강물처럼 흐르겠으며
예수 그리스도의 십자가 의가 마르지 않는
시냇물처럼 흘러서 정의가 온 땅에 흐르는
하수같이 흐를 것이니 땅이 푸르를 것이라

하늘은 땅에 응할 것이오 땅은 모든 소출에 응하며
소출은 온 생명에 응하니 주 예수 그리스도의 의가
하늘과 온 땅을 이으므로 그가 하나님의 의가 되며

우리의 의로 나타남이어라

- 3장 -

1. 경고
2. 알림
3. 재앙
4. 아이들
5. 구원
6. 나뉘이다

경고

번성하여 이 땅에 충만함으로 다스리는 것
이것이 주가 우리에게 주신 평강의 복이나
주님을 떠나 스스로 주인이 되어 살아가니
도리어 죄와 악이 너희의 기쁨이 되는도다

그러니 복이 멀리 달아나 저주가 임하니
혼이 끊겨 태가 끊기며 자녀들이 없으니
기쁨과 즐거움이 죄와 악 중에 거닐도다
분노가 죄와 악에 기인한 것임을 깨달아

네 분노가 죄와 악임을 깨달아 알지어다
죄 중에 거닐니 분노가 함께하는 것이라
네 주인이 없어 네가 스스로 주인됨이라
죄악 중에 거하니 저주가 네게 임함이라

너희에게 주를 경외하는 마음이 없으니
너희의 혼이 죄와 악으로 즐거워하도다
그러나 이 또한 하나님의 그 뜻하신 바
진노의 날이 가까이 왔음을 알림이어라

알림

여호와 하나님께서 천사들에게 명하셨으니
천사들이 나팔을 불어 때의 시작을 알리고

하늘의 징조가 나타나며 환란이 시작되리니
추수 때가 되어 늦 비가 내리기 시작하리라
알곡들아 무럭무럭 자라서 고개를 숙이어라
고개를 숙이어서 너희가 알곡임을 보이어라

주가 타작기를 손에 들고 타작을 시작하시니
주인이 이 땅에서 알곡들을 고르시는 것이라
주께서 알곡들을 곡간에 들여다 놓을 것이라
그 인자와 자비와 긍휼로 너희를 사랑하시니

너를 상치 아니하며 해치 아니하시는도다
너희를 온전히 품에 안아 인도하시는도다

재앙

교만하여 패역한 자들아 악한 이방인들아
너희들에게는 평강과 평화가 없을 것이오
패망만이 있으리니 너희가 듣지 않음이라
듣지 않으니 네가 하나님을 미워함이로다
하나님을 미워하니 말씀을 듣기 싫어하여

네가 그 길을 스스로 걸어 나아가는도다

고난에 환란이 혼돈에 죄와 악이 더해질 것이니
찾아도 찾지 못하며 구하여도 받지 못할 것이라
너희가 죄악으로 옷 입었으니 그 죄악으로 인해
수치를 받아 놀라고 떨며 어둠 중에 두려워하니
재앙이 여호와 하나님으로부터 임함을 알리로다

아이들

죄와 악을 몰라 순진함으로 순전하니
주님의 사랑과 평안 안에 거하는지라
부모가 너희를 사랑으로 품을 것이니

그의 사랑이 애틋하고 다정하여 평안하리라
고아들아 주께서 너희를 긍휼히 여기시리니
두려워 말아라 네가 그 사랑 안에 있음이라

네가 주께 나아옴을 입을 것이니
우리가 재앙 중에 위로를 얻으며
그 일이 주로부터 나옴을 알리라

너희는 주의 사랑이라
너희는 주의 평안이라

너희가 우리를
위로할 것이라

구원

너희가 어디를 가려 하는 것이냐
네가 무엇을 찾아 헤매는 것이냐
네 뭐가 궁금하여 물으려 함이냐

너희 마음에서 나오는 모든 유혹이
주가 너희를 시험하는 것임을 알아
그 유혹에서 돌이켜 주를 바랄지라

거짓 선지자에게 나아가 스스로 죄를 쌓지 말아라
이적과 기적을 구해 스스로 시험에 빠지지 말아라
그저 하나님을 바라고 구함으로 주 예수께 나아가
네 죄악을 고백해 너의 거짓된 심령을 돌이키어라

오직 그가 하나님의 '의'이며 우리의 '의'가 되시나니
그리스도를 믿음으로 말미암아 우리의 의가 성립되며
그 믿음의 의로 말미암아 우리가 구원을 얻을 것이니
오로지 자신의 믿음으로 자신의 생명만을 건지는도다

나뉘이다

그리스도께서 세상을 용서하사 모든 죄와 악을 사하셨으니
천한 자도 그를 공경하며 귀한 자도 그 앞에 굴복하는도다

    주의 순종과 충성 십자가의 사랑과 그 지혜와 존귀
    주 여호와 하나님의 위엄과 영광 그 두려움 앞에서
    높은 산들은 낮아지고 견고한 성벽은 사르어지리니
    길이 평탄하게 되어 모든 이가 주께 나아갈 것이라

그날 주께서 그의 처소에서 나오사 땅을 진동시키시며
그의 위엄과 영광을 나타내시는 예수 그리스도의 날에

    모든 우상들이 사라질 것이니 악인과 외인들이
    주님의 낯을 피하여 암혈과 토굴로 들어가리오
    주께서 그의 백성과 외인들을 구분하실 것이니

    그리스도의 백성들은 하나님의 영광을 바라보며
    그리스도의 구원하심과 주의 영광을 송축하리오
    외인은 세상에 버려져 주 하나님의 낯을 피하여
    흑암으로 들어가 슬피 울며 이를 갊이 있으리라

- 4장 -

1. 약속
2. 거짓 목자
3. 돌이키어라
4. 교회

약속

목자들이 강포를 행하여 자기 잇속만 챙기며
목자들이 악하여 양에게 더러운 것을 먹이니
양들이 흩어져 들짐승들에게 삼키어지는도다
그러므로 여호와께서 백성들에게 약속하시니
주 여호와께서 목자들을 치사 그들의 손에서
양의 무리를 건지시며 주께서 손수 먹이시어
그의 백성들을 시온산 높은 곳에 두시는도다
주께서 너희를 사랑으로 품에 안으실 것이라

    주께서 널 사랑하사 인도하실 것이니
    시온산에서 주님과 함께 걷고 거닐며
    주님의 꼴을 받아먹어 쉼을 얻으리라
    주께서 친히 너를 건져 올리시는도다

    태양이 구름에 가려 어두울지라도
    별들이 불빛을 잃어 캄캄할지라도
    하나님께서 자신의 것을 찾으시니
    잃어버린 모든 양을 찾으시는도다

거짓 목자

여호와께서 목자들을 치사 대적하시며
하나님께서 그들을 대적하사 멸하시니

그들이 연약한 자들을 약하게 했으며
그들이 상한 자를 때려 내어쫓았으니
그들이 양에게 더러운 것을 먹였더라

목자들이 포악하여 강포로 양을 다스리니
양 떼가 두려워함으로 모두 흩어지는도다
그들이 그 주인 되신 하나님을 경히 여겨
하나님의 백성인 양들을 소홀히 여겼으니

여호와 하나님께서 너희를 치시는도다
너희의 입의 말이 힘을 잃을 것임이오
너희의 손에서 양 떼를 건지실 것이니

약한 자를 강하게 하심이며
강한 자를 약하게 하심이라

목자들이 하나님의 말씀을 훼손하여
백성들에게 더러운 것들을 먹였으니
주께서 그들을 치사 심판하시는도다

돌이키어라

주는 의로우사 악인의 죽음을 기뻐하지 않으시니
그가 죄인과 악인들을 위하여 십자가를 지심이라

주 여호와께서 악인의 의를 기억하시며
주 하나님께서 의인의 죄를 기억하시니
죄인들아 네 모든 죄에서 돌이킬지어다
악인들아 네 모든 악에서 돌이킬지어다
주께 돌이켜 회개하며 뉘우쳐 반성하여

우리 주 예수 그리스도께 나아가거라
네 죄를 사하사 악에서 돌이키시리니
너의 죄악이 사해지고 허물이 벗어져
너의 죄와 허물이 기억되지 않으리라

그 사랑 안에서 네가 의를 행하리니 주 예수께서
너희의 죄짐을 지사 너에게 믿음을 허락하심이라
모든 죄와 악에서 돌이켜 뉘우침으로 회개함으로
하나님의 율례와 여호와의 법도를 따라 행할지라

하나님은 공의로우사 공평하시니
네 믿음의 의를 기억해 주신단다

교회

너희들의 필요와 쓸 것을 구하는 곳이 아니니라
허탄한 꿈 얘기와 간증을 말하는 곳이 아니니라
교회는 주의 말씀 가운데 회개하는 자리임이라
교회는 회개로 믿음에 이르러 감사하는 자리라

    너의 찬양과 찬송의 이유가 무엇이냐
    그저 즐거워하기 위함이 맞지 않느냐
    너의 죄인된 모습은 변하지 않았는데
    네가 도대체 무엇을 기뻐하는 것이냐

오히려 너의 죄악을 슬퍼하는 것이 맞지 않느냐
그저 천국에 갈 것이라는 헛된 희망에 사로잡혀
네 거짓되고 허탄한 심령을 회개치 않는 것이냐
주 하나님을 섬기니 심판이 없다 여기는 것이냐
네가 어떻게 하나님을 마주할 수 있다 여기느냐
주님께서 예수 그리스도를 우리에게 보내셨으나

너희가 예수 그리스도께 나아가 회개치 않으며
도리어 여호와 하나님께 나아가니 너의 죄악이
하나님 앞에 상달하여 죄의 문이 드리웠음이라

그리스도 예수를 바라지 않음은 어찌 됨이냐
그가 주 하나님께 순종해 십자가를 지셨으니
그리스도가 우리를 사랑하사 용서하셨음이오
그가 사랑하사 용서하여 죄와 악을 사했으니
그리스도는 우리의 주인이시며 하나님이시라

  너의 믿음이 참이면 사랑에 대한 화답이
  찬양이 아닌 애통과 회개가 맞지 않느냐

  우리가 온전치 않으며 완전하지 않은데
  도대체 무엇으로 주를 예배하려고 하며
  대체 무엇을 즐기워하며 기뻐함인 건가
  교회여 회개함으로 말씀 앞에 나아가라
  말씀 앞에 나아가 회개함으로 돌이키며
  깨달아 앎으로 반성하여 주께 나아가라

    교회의 머리는 그리스도 예수이시니
    그리스도의 백성들은 그를 따를지라

- 5장 -

1. 국문하시니
2. 죄인
3. 고난
4. 나아감
5. 애가

국문하시니

하나님께서 우리를 대적하사
광야에서 우리를 국문하시니

의인이 없으되 한 사람도 남지 않았으며
주가 칼을 빼어 드사 악인을 멸하시리오
불로 사르되 그 불꽃이 꺼지지 않으리니
악이 끊어지며 한 사람도 남지 않으리라

오직 죄인만이 세상에 남았으니
오직 의인은 믿음으로 말미암아
살리라 함을 이루시려 함이니라

죄인

우리에게 죄가 들어와 죄로 인해 악해졌으니
죄악에 의해 저주와 사망이 우리에게 찾아와
주께서 우리에게 율법을 주사 죄를 알리시며
율법과 심판 죄와 사망의 다스림을 알리시나

모든 사람들이 죄를 죄로 알지 못하였으니
우리가 주 하나님을 알지 못했기 때문이라
하나님께서 정한 기한이 찰 때까지 율법과
죄로 하여 우리의 눈을 가리셨기 때문이라

이는 하나님께서 우리를 흠 없고 탈 없는
주의 거룩한 백성으로 삼기 위함이었더라
때가 차고 그리스도 예수께서 오시었으니
세상의 죄짐을 지사 십자가를 지셨음이라

율법이 우리들에게 죄의 짐을 지게 했으며
그 죄의 심판은 우리에게 사망을 주었으니
또한 우리 죄악을 용서하사 심판의 죄짐을

십자가를 지신 그리스도 예수께 인도함이라
하나님께서 그의 백성을 죄인을 부르심이라

　세상에 속한 자들은 그리스도 예수를
　하나님을 멸시하여 믿지 않을 것이나
　하나님의 자녀는 주 예수의 백성들은
　죄인은 주 예수 그리스도를 바라리니
　여호와 하나님을 보고 알고 믿으리오

예수 그리스도를 믿는 온전한 믿음에 이르러
하나님께서 우리들을 주 예수 안에 속량하사

　흠 없는 하나님의 거룩하신 백성으로
　삼으심을 믿는 믿음에 이르를 것이라

세상은 율법 아래 있어 우리들을 율법으로 속박하나
주님은 사랑하사 용서하시니 우리가 죄의 옷을 벗어
주 예수 그리스도께 우리 주 하나님에게 나아감이라

고난

그리스도의 백성아 그의 고난에 함께 참예하라
그의 고난에 참예하여 인내로 연단함을 받아서
예수 그리스도를 우리의 창조주 여호와 주님을
찾고 구하여 거짓된 심령에서 돌이켜 회개하라
돌이켜 회개함으로 그의 거룩하신 사랑을 입어

   주께서 주시는 힘으로 주님의 평안 안에서
   주 예수 그리스도를 기다리고 그를 바라여
   주의 구원을 믿는 믿음에 이르러 바라보라

주 여호와 하나님 그는 심판과 구원의 주시라
주 예수 그리스도 우리를 용서하사 회개의 길
네 마음을 낮추사 겸손으로 믿음에 이르는 길

   믿고 그를 따름으로 고난에 이르는 길
   인내로 연단을 받아 정금에 이르는 길

정금에 이르러 주 하나님을 아는 지혜와 지식으로
순결하고 정결한 정금으로 우리들을 연단하신단다

나아감

우리의 나아감이 오직 그리스도께 있으니 찾고 구하여
두드림으로 간구하는 모든 기도가 네 거짓된 심령에서
돌이켜 회개함에 있어 돌이켜 회개하여 주를 바라리오
우리를 위해 주께서 어떠한 일을 하였는지 마주하리니
너희들이 하나님의 사랑을 어떻게 감당할 수 있으리오

주께서 우리를 죄에서 돌이켜 구원을 주시기 위해
주께서 그의 모든 것을 우리에게 내어주신 것이라
하나님께서 이 모든 것을 우리에게 보이고 알리사
회개를 촉구하여 그리스도를 우리에게 보내셨으나
온전히 주 여호와 하나님의 뜻을 구하지 않았으며
세상의 것을 찾고 구하여 마음이 그곳으로 향하니

회개치 않으며 도리어 죄로 인해 악해져
주 예수의 십자가 지심을 비웃는 것이라
그가 너를 용서하사 너의 짐을 지셨으나
너의 헛된 믿음이 주 예수를 비웃으리니
너의 심령이 도리어 너를 책망할 것이라
주 예수의 십자가 짐을 비웃는 외인들아

너희는 영원토록 여호와 하나님을 마주하여 뵙지 못하리오
악의 치리만이 너희에게 있어 그 길 끝은 심판만이 있으리

애가

주께서 그의 천사장에게 명하사 말씀하시니
대천사가 환란의 애곡을 불러 노래하였더라

대천사가 부른 애곡의 곡조가 이러하니
이는 창조주 여호와 하나님의 사랑으로
세상을 향한 여호와의 진노이며 애가라
그 애곡의 음율들이 심히 아름다웠으나
사람들로 하여금 두려워 떨게 하였으니
이는 대환란에 대한 혼곤의 두려움이오
대환란의 고통과 진통 괴로움의 애가며
혼곤의 슬픔과 그 애통함의 애곡이더라
그 두려움과 슬픔들을 썩어질 사람들이
어떻게 감내하여 이겨낼 수 있겠냐만은
의의 백성들이 그날을 겸손함의 인내로
견고함과 겸비함의 믿음의 반석 위에서
그리스도 주 예수를 바라며 소망함으로
주님의 공의를 구하여 성령과 동행하니

환란의 그날을 능히 이겨내느니라

- 6장 -

1. 가지 말아라
2. 동요치 말아라
3. 합하다
4. 삶
5. 살아가라
6. 그 끝으로

가지 말아라

우상에게 절하지 말며 신접자들을 섬기지 말아라
네가 그러한 것을 섬기니 네 혼과 영이 미쳤으며
마음이 돌같이 굳어 훈계와 책망을 거절하는도다
우상에게 가지 말아라 신접자들에게 가지 말아라

그것들이 지음 받은 존재이거늘
너희가 주 하나님을 모르는도다

그는 창조주이시며 그가 그의 지음 받은 생명들을
사랑하고 용서하시니 그는 만유 위에 계신 분이나
네가 들으려고 하지 않으며 알려고 하지 않는도다
주 예수께서 오사 그 사랑을 보이고 나타내셨으나

너희가 회개로 주 하나님께 나아가지 않는도다
회개치 않으니 죄로 악으로 계속해서 내달리어
세상에 속한 네가 점점 하나님과 멀어지는도다
죄악으로 치우치지 말며 구하지도 찾지도 말라
그리스도께서 세상을 용서하시어 사랑하셨으니
우리의 길이 오직 예수 그리스도께 있음이어라

동요치 말아라

환란이 임하리니 너희의 노랫소리를 그치라
주께서 우리의 노래가 헛되다고 말씀하시니
네 노래가 예배가 아닌 자신을 위한 것이라

    패물로 자신을 아름답게 치장하며
    기름진 음식으로 네 배를 불리우나
    이웃의 환란을 돌아보지 아니하니
    술을 마시어 술취한 자와 동일이라

찬송과 찬양이 그저 떠드는 자의 소리로다
사랑이 없으니 공의가 없고 정의가 없으며
말씀을 알지 못하니 믿음 또한 없음이로다

흉한 날이 다가오고 있으니 하나님을 찾는 때니라
찬양과 찬송을 그쳐 사람들로 동요케 하지 말아라
너의 노랫소리가 헛되니 네 채워짐이 헛된 것이라
주의 말씀을 듣지 않으니 네 그 징조를 알지 못해

    찬양과 찬송으로 헛배를 채우는 것이라
    그치어라 멈추어라 소리를 발하지 말라
    하나님을 찾고 구하여 때를 분별할지라

합하다

돈
힘
사랑
명예
영광

희락과 쾌락
기쁨과 즐거움

네 바람이 정녕 이것이 아니니
네 바람이 여기에 있지 않도다
네 바람이 정녕 여기에 있으니

곧 삶이며 생명의 충만함이로다

이 모든 것이 주 여호와 하나님께 속하였으니
너희들이 무엇으로 하나님을 기쁘시게 하리오

하나님의 기쁨이 여기에 있으니 곧 생명에 있음이라
그러므로 주 예수께서 우리에게 모든 것을 내어주사
생명을 내주셨으니 하나님께서 생명을 사랑하심이라

삶

주 여호와 하나님께 드려야 하는 것은 회개
그리고 감사와 예배 맡은 바 직분에 감사로
최선을 다하고 그 책임을 다해 사랑하는 일

이것이 주 여호와 하나님을 경외하는 것이오
주 여호와 하나님의 창조의 섭리일 것임이라
그러니 무엇을 드려야 할까 생각하지 말아라

  그저 맡겨진 직분에 최선과 책임을 다해
  사랑을 힘써 공의와 정의 사랑을 행하여
  주 여호와 하나님의 율례를 곧게 할지라

이것이 거룩함이오 순종이며 주 하나님께서
우리에게 원하시는 인애 온유한 사랑이리라

인애 곧 온유한 사랑으로 이웃들을 섬기니
이는 주 여호와 하나님을 경외하는 것이라
주님을 경외하는 너의 온전한 예배 가운데
여호와 하나님께서 네게 힘을 주실 것이니

  그의 소산을 네게 맡기실 것이오
  주님의 품 안에서 평안할 것이라

살아가라

그저 나아가라 네 믿음이 무엇이 되었든
그저 이를 기억하라 그는 구원의 주시라
죄악을 분노하사 심판하는 하나님이시라

그저 너는 죄로 악으로 치우치지 말며
그저 감사함으로 열심으로 살아가다가

주를 기억하거든 회개의 맘이 부어지리니
너희가 하나님을 기억하여 심중에 이르러
회개의 마음으로 주 하나님을 생각하리라

주께서 너를 돌이켜 예수 그리스도께로
회개 그리고 구원의 길로 인도하시리라

우리의 호흡이 생명이 구원이 그에게 있으니
오직 주가 우리를 구원의 길로 인도하시리라

어디로든 치우치지 말며 그저 살아가라
고난에 힘에 겨워 지치더라도 살아가라
그가 너를 도우시리니 주를 기억하리라

그 끝으로

기쁨과 희락 그리고 안락과 쾌락
슬픔과 애통 그리고 낙심과 낙담
미움과 증오 그리고 시기와 질투
진노와 회개 그리고 분노와 심판

네 의지하는 바가 무엇이 되었든
네 사랑하는 바가 무엇이 되었든

그를 의지하니 또한 사랑함이어라
그를 사랑하니 감정이 동요함이라
정이 동요하니 행동으로 표현되어
행위로 믿음과 사랑이 나타나나니

각기 사랑하는 바를 따라 믿으며
그 믿는 바를 따라 나아감이어라

주 하나님께서 우리에게 주시는 것은
주님의 사랑이시며 그 사랑의 힘이오
주님의 영원과 거룩함 속의 화평이나
주 하나님을 알지 못하는 이유이더라

너희 믿음의 그 끝이 무엇이 되었든
걷고 또 걸어서 그 끝으로 나아가라

모든 사람들이 각기 믿는 바를 따라 나아가니
너희의 믿음이 무엇이든 그 끝에 무엇이 있든
그 끝을 마주하고 돌이킬 수 있다면 돌이키라
주 예수 그리스도 우리의 주 여호와 하나님께

part. 2

- 1장 -

1. 좋은 땅
2. 호소함이
3. 열매
4. 사랑

좋은 땅

좋은 땅 죄악을 슬퍼함으로 애통해하는 마음이라
외인은 죄와 악이 그들 자신의 욕심을 자라게 해
가시와 엉겅퀴를 내겠으나 주 예수의 죄사하심과
구원을 믿는 백성들에게 죄악은 하나의 거름이라
그들은 자신의 죄와 악을 슬퍼하고 애통해함으로
주님을 바라보니 그들이 주의 긍휼하심을 입어
주님께서 그들을 위해 그리스도를 보게 하시리라

그들이 주께 구해 그리스도의 구원을 바랄 것이니
이로써 죄악으로 예수 그리스도께 접붙임 바 되어
죄로 인해 주 예수를 바라여 믿음이 자라나는도다
이로 믿음을 통해 순전한 순종의 열매가 맺히리니

주께서 우리에게 죄와 악을 허락하심이
좋은 땅 겸손한 마음과 그 온유한 마음
곧 믿음을 주시기 위함임이 증명됨이라

이 땅 세상은 거름 밭이라
주는 지혜로운 농부이시라

호소함이

주 예수 그리스도께서 이 땅에 오심은
우리를 사랑하사 굽어보셨기 때문이오
주께 지은바 된 사람이 하나님을 떠나
이 땅에 죄와 악이 범람했기 때문이라

하나님을 떠나 우리가 사랑을 알지 못하였더라
서로 용서하지 못하여 서로 사랑하지 못하더라
사랑이 없으니 이 땅 세상에 죄가 가득 찼으며
이 땅 곧 주 하나님의 발등상이 피로 물듦이라

이 피가 괴로움에 사무쳐 울부짖으니
땅, 물이 또한 괴로워하여 주께 일러
하나님 사람들이 언제까지 서로 싸워
피 흘리겠습니까 그들의 피가 죄악에
사무쳐서 괴로워함으로 애통하나이다

주님께서 지으신 사람들이 고난으로
괴로움으로 슬퍼하는 모습을 보시며

그들의 피가 악에 사무침으로 고통 중에
애통해함으로 슬퍼하는 모습을 보신지라

주 하나님께서 근심하시고 땅에게 일러
말씀이 이 땅 곧 세상에 내려갈 것이니
백성들이 나를 바라봄으로 믿음 가운데
창조주 여호와 하나님을 바라볼 것이라

그들이 나를 믿으면 사랑과 용서를 배우리니
그가 지으신 모든 것을 사랑함으로 품으리오
그들이 사랑을 배우면 우리와 같음을 알리라
그제야 이 땅 곧 뭍의 흔들림이 멈춘 것이라

주께서 그가 지으신 모든 것을 품고 사랑하기에
그가 지으신 모든 것을 또다시 품고 사랑했기에
그가 지으신 모든 것을 위해 세상에 이 땅 위에

메시아 예수 그리스도가 오심이라
이로써 모든 것들이 준비되었더라

열매

주님께서 이 땅에 오시었지만 우리는 다시 각자
자기의 뜻대로 각기 제 길로 갔거늘 하나님께서
우리에게 그가 가진 모든 것을 주심을 알리시니
곧 좋은 땅 씨앗 물 빛 양식 꿀벌과 나비이더라

    좋은 땅은 세상 곧 죄와 악이며
    씨앗은 복음이고 빛은 말씀이며
    양식은 순종 꿀벌과 나비는 성령
    물은 믿음 마르지 않는 샘물이라
    정말 좋은 열매를 맺을 수 있도록
    모든 것들이 우리에게 갖춰졌더라
    열매는 이것이니 '그리스도 안에서
    영생하도록 하는 순종의 열매'라

만군의 주 만왕의 창조주 여호와 하나님께서
이를 받으시고 취하사 그 향기를 향취하시니
창조주 여호와 하나님께 구하여 허락을 받아

이것을 보니 매우 향기롭고 아름답더라
이는 우리들의 주 예수 그리스도이시라
그러니 너희들은 열매의 기초가 되시고
뿌리가 되어 기둥이 되사 포도나무이신

예수 그리스도를 떠나서 이와 같은
좋은 열매를 맺을 방법이 없느니라

주 하나님께서 모든 것을 예비하셨으며 준비하시고
이 땅 우리에게 오시어 주 예수를 믿는 그리스도의
백성들에게 거저 주셨으니 우리가 그리스도를 떠나

어떠한 소망이 있겠는가 그저 영혼과
육신이 썩어 세상에서 사라질 뿐이라

그러므로 그리스도께서 모든 것들을 이루셨으며
우리에게 거저 주심이오 우리에게 허락하셨으니
그가 마땅히 우리의 주가 되심이 맞지 않겠는가

그리스도께서 하나님께 순종함으로써
모든 권세와 힘과 능력을 받으셨으니
그가 왕이 되심이 마땅하지 않겠는가
왕이신 그가 우리의 죄를 사하셨으니

그분께서 우리의 제사장이 되심이라
그분께서 우리의 죄를 사하셨으므로
그리스도께서 우리 주인이 되셨으나
주께서 우리에게 함께하자 부르시니

대체 어느 누가 이것을 이해할 수 있겠는가
우리가 어떻게 그분과 같이 설 수 있겠는가
우리가 우리의 주를 판단함으로 심판했으니

우리의 짐을 그가 대신 지셨음이라

우리가 그분께 어떻게 나아갈 수 있으랴
우리가 어떻게 하나님을 뵐 수 있겠는가

아니라 우리가 주께 나아감이 마땅하도다
우리가 우리 주를 판단하여 심판하였으나

모든 것을 주시기 위해 그가 오셨으니
우리가 믿음에 이르러 죄의 옷을 벗고
의의 새 옷을 입어 예수 그리스도에게
여호와 하나님께 나아감이 마땅하도다

주 예수가 아니시면 누가 우리의
왕이 하나님이 되실 수 있겠는가
주 예수가 아니시면 누가 우리의
제사장이 주인이 될 수 있겠는가

그는 어린 양이시오 왕이시며
제사장 우리의 구원의 주시라
그리스도께서 우리를 죄와 악
사망의 심판에서 건져 내시려

십자가의 길을 가심으로
모든 것을 이루셨느니라

사랑

주 예수 그리스도께서 육신을 입고
이 땅에 오심은 우리를 사랑했으며

또한 사랑하시고 용서하심을 나타냄이오
우리가 듣지 않고 그리스도를 믿지 않아
주 여호와 하나님을 알지 못하던 마음이

주를 판단하여 심판했으나
그는 하나님께 순종함으로
주의 사랑을 나타내심이라

우리가 아직 사랑과 용서
하나님을 알지 못할 때에

주께서 굽어보사 우리에게 오심이오
우리의 눈이 가려져 보지 못할 때에
우리의 눈을 열어 주를 보게 하시며

하나님과 하나임을 알게 하심이라

때가 이르르면 우리가 온전히 주를 보리니
하나님의 사랑을 우리가 보고 또한 알리라
온 땅과 하늘과 생명들이 그리스도께 있어
주 하나님의 은혜가 온천지에 충만한 것을
그리스도께서 사랑함으로 십자가를 지시고

모든 것을 이루시어 만유 위에 주님이 계심을
창조주의 지으심을 따라서 우리도 사랑함으로
여호와 하나님을 알고 그리스도를 사랑하리니
사랑이 없인 창조의 무엇도 알지 못할 것이라

    그러므로 주님의 때에 주의 백성들을
    주 예수 그리스도께 인도하실 것이오
    그때야 우리가 주 하나니을 목도하여
    온전히 주 예수 그리스도만 바라리라

      그때에야 우리가 신령과 진정으로
      여호와 하나님께 예배를 드리리오
      감사와 거룩으로 주께 나아가리니
      주 여호와 하나님은 사랑이시어라

- 2장 -

1. '의'(義)
2. 길 곧 믿음
3. 믿음
4. 길

'의'(義)

세상에 정의가 없으니 의인이 없어
모든 이가 전부 그릇되어 행하더니

하나님을 사랑하지 못하여
생명을 사랑하지 못하더라

오직 예수 그리스도께서 아버지를 사랑하여
하나님의 뜻에 순종했으니 자신을 내어주사

모든 것을 하나님께 맡기셨더라
이는 그의 순결과 정결이였으니

하나님께서 그의 아들을 옳다 여겨
모든 나라와 족속과 생명들로 하여
예수 그리스도를 '의'라 칭하심이라

길 곧 믿음

주 하나님의 백성들의 죄악 가운데 주를 바라며
주 하나님의 말씀 심판과 구원을 선포하는 믿음
믿음의 선지자들이 보이신 불 가운데 서는 믿음
공평과 의를 바라여 주님의 공의를 구하는 믿음

        주 예수께서 육신을 취하시나
        식을 폐하여 육신을 버리시어
        능하심을 버려 낮아짐을 택해
        주께 순종하신 예수 그리스도

주는 그리스도시오 살아계신 하나님의 아들
베드로의 믿음 시몬의 고백 곧 견고한 반석
십자가를 지사 죽으시고 부활하신 그리스도
우릴 택하사 명하여 열방으로 보낸 주 예수

이로써 하나님께 나아가는 길이 열렸으니
그가 그리스도를 통해 우리를 부르심이라
그러나 우리가 불 위에 서는 믿음이 없어
육신의 죄악을 택함으로 주님을 떠났으나
예수님을 향한 믿음은 사라지지 않았으니
높은 권세도 능력도 그 무엇도 그 누구도
우리를 향한 주의 사랑을 끊을 수 없더라

믿음

거짓이 우리를 속이었으며
죄가 우리에게 들어왔으며
우리가 악에 삼키어졌으니

우리의 죄된 심령을 따라
행위가 죄를 따라 나아가

악으로 치우쳐 악의 치리 중에
결국은 심판으로 나아가는도다

그러니 믿음 그것은 곧 회개더라
회개 그것은 죄에 대한 고백이라
우리의 심령이 죄 중에 돌이키니

하나님을 바라보아 스스로 낮아져
겸손으로 주의 말씀을 경청하리라

길

죄악에서 돌이켜 믿음으로 나아가는 그 길은
순종의 길이며 믿음만이 거하는 길이니
반석이오 단단하여 굳건하며
믿음의 의의 옷을 입어
순종으로 거룩함으로
나아가는 길이므로
믿음의 길 위에서
그 말씀으로 인해
그 사랑으로 인해
그리스도로 인하여
말씀에 순종함으로
믿음의 굳건함으로
믿음의 굳건함 가운데
거룩함으로 나아갈 것이나
죄악이 사라진 것이 아니니
우리가 주 앞에 나아감에 따라
우리의 죄로 인해 우리가 나아온 길은
계속해서 더러워지며 어둠이 자리할 것이오
어둠에 죄악이 자리하니 길이 더러워져 썩어버리며
길이 썩어버리니 길이 끊어지므로 무너져 내릴 것이라

- 3장 -

1. 기다리다
2. 오심(誤審)
3. 때
4. 곡우

기다리다

때가 악하여 사람들이 하나님을 멀리하더니
마음의 생각이 돌이켜 회개함을 미워하더라

이는 우리가 스스로 돌이켜 회개할 수 없음이오
이는 하나님의 사랑이시며 하나님의 구원이시오
하나님의 때를 따라서 회개의 마음을 부어 주사
성령 하나님의 인도하심을 받도록 이끄심이시니

말씀 안에 거하는 의의 백성들은
성령님의 인도하심을 기다리리라

하나님께서 우리들을 구원하시기 위하여
이 땅 위에 여호와의 진노를 쏟으시리니
우리에게 회개의 마음을 부어주시는도다

그리스도가 우리에게 오실 날이 가까웠으니
우리를 돌이키사 구원의 길로 이끄시는도다
여호와의 진노가 부어져 재앙이 임할지라도
그리스도의 백성은 믿음 안에서 잠잠하리니
예수 그리스도께서 다시 오심을 바라봄이라

오심(誤審)

그리스도께서 세상을 사랑하사 용서하셨으나
예수 그리스도를 바라지 않음은 어찌 됨인가
우리가 예수 그리스도 그분을 알지 못함이며
세상을 사랑하여 스스로 두 눈을 가렸음이라

우리가 스스로 두 눈을 가려 세상을 사랑했으니
우리가 하나님을 온전히 알지 못했기 때문이라
우리가 세상으로 나아갔으나 추수 때가 이르러
늦은 비가 내리기 시작하리니 주를 마주하리라

세상이 너희를 속이어 눈을 가릴 것이나
그리스도께서 너희들을 인도하실 것이니
주가 세상을 치사 너희를 건져 올리시리

세상이 너를 속일지라도 주의 백성은 주께 나아갈 것이니
우리가 주님의 사랑을 목도함으로 애통해하며 회개하리라
하나님의 사랑과 진노 그리고 애통과 회개 그의 구원이라

때

때가 이르러 날이 찼으며 그 날이 가까이 왔으니
때가 되면 이 땅 위에 흐르던 화평이 걷어지겠고
추수 때가 되어 믿음 안에서 그와 함께 동행하던
그리스도의 백성들이 이 땅 위에서 걷어지겠으니

이 땅의 죄악들이 끝에 다다라 어둠이 임하리라
이 땅 위의 죄악이 이 땅 위의 화평을 거두리오
이 땅 위에 화평이 없으니 어둠만이 자리하리라

이때에 우리가 구할 것은 성령님의 도우심이라
주의 도우심 중에 우리의 믿음은 사랑 곧 회개
그리고 용서 그리고 다시 사랑으로 드러나리라

그의 택함을 받은 자들을 그가 인도하실 것이오
그가 보게 하시며 알게 하사 믿음을 더하시리라
주께서 그의 백성들을 부르시어 일으키시는도다

때가 이르름이라 진노의 날이 가까이 다가왔으니
그때가 그 진노의 날이 곧 너희에게 이를 것이라
그리스도의 백성들아 주님의 자녀야 주의 사랑아
너는 깨어나 기도하여라 기도함으로 깨어 있으라

너희는 주가 정하신 너희의 때가 언제인지 모름이오
너희는 주가 정하신 마지막 때가 언제인지 모름이니
너희들은 너희의 때가 항상 마지막 때임을 기억하라
너의 때가 마지막 때임을 기억함으로 깨어 기도하라

깨어 간구하여 기도함으로 구하고 찾으며 두드리라
그 문이 열리리니 너희를 가두고 있던 문이 열리고
그리스도께서 그 문으로 들어와 기쁨으로 맞이하여
널 품에 안아 빛으로 생명으로 널 인도하실 것이라

곡우

주님께서 세상을 치사 모든 교만한 자들과
패악하여 악을 도모하고 악행을 일삼는 자
우상과 미신을 섬겨 음란하여 행음하는 자
손수 구원받았다 여겨 안일하게 거하는 자
그들을 이 땅에서 영원히 끊어 버리시리라
그들이 썩어 버린 것을 의지하여 섬겼으니
그들 심령과 행위와 믿음이 썩어 버림이라

너희는 눈이 가려져 그 무엇도 알지 못하리라
주님의 말씀을 모르니 회개할 수 없을 것이며
주 예수 그리스도를 모르니 회개할 수 없도다
악한 자들아 너희는 너의 그 믿음대로 나아가
끝에 다다라서 무엇이 있나 두 눈으로 보아라

썩은 바 된 것을 의지함으로
너의 모든 것이 무너져 내려
두 번 다시 일어나지 못하니
이미 사망이 선고되었음이라

- 4장 -

1. 환란
2. 여호와의 날
3. 그날
4. 엎어진 잔

환란

사랑이 없는 자에게 희망이란 헛된 것이어라
회개가 없는 자에게 소망이란 무익한 것이라
믿음이 없는 자에게 기쁨이란 허탄한 것이라

천국아 이 땅에서 떠나가라 이곳은 사랑도 회개도
그 믿음도 없는 헛되고 무익하며 허탄한 땅이니라
천국아 이 땅에 다시 오지 말아라 우리 믿음 안에
그리스도가 없어 모든 이가 다 세상으로 나아갔다

광야 그리고 환란아 너희가 이 땅을 삼키어라
네가 우리게 오면 저들이 주님을 찾지 않을까
고됨과 고단함과 수고함아 네가 이 땅에 오면
그리스도의 백성은 하나님을 기억하지 않을까

광야 곧 환란이 주께 물어 질문하여 가로되
제가 이 땅 세상에 얼마나 머물러야 할까요
주님께서 그들의 질문에 대답하여 이르시니
너희들은 여호와 하나님께서 세상에 주시는
온전하사 완전하신 주 여호와의 사랑이시니

너희의 연한은 칠년이란다

여호와의 날

    수많은 이들의 걸음이 멸망으로 향하는도다
    수많은 이들의 걸음이 심판으로 향하는도다
    어느 누가 그들의 걸음을 멈출 수 있겠으며
    어느 누가 그들의 생을 구원할 수 있겠으랴

결국 주 여호와 하나님의 진노의 그날이 임할 것이니
주께서 우리를 사랑하사 우리를 향해 진노하시는도다
하나님께서 우리에게 긍휼을 베푸시며 구원을 주시려
거짓된 심령을 돌이키사 그리스도를 바라게 하시리라

    그러나 외인은 하나님의 긍휼을 얻지 못하리니
    주 하나님을 알지 못함으로 깨닫지도 못하리라
    깨닫지 못하니 믿음이 없어 구원받지 못하리라

주가 죄악을 분노하사 세상에 대해 심판하실 것이라
주의 분노가 이 땅에 임하니 누가 피할 수 있겠으랴
부를 쌓아 올려보라 권으로 너희 스스로를 높여보라
네 어디로든 도망하여 담을 쌓아 자신을 구원해보라

    진노의 그날이 반드시 임할 것이니
    너희들이 쌓은 모든 것이 무너지고
    오직 주 예수 그리스도만이 서리라

그날

길이 끊어져 이 세상에 죄와 악밖에 남지 않았거늘
예수 그리스도께서 오신들 너희의 믿음을 보겠느냐
예수 그리스도께서 오신들 너에게 구원이 있겠느냐
오직 이스라엘만은 그리스도의 구원하심을 얻겠으니
이스라엘은 주의 성산이며 그의 택함 받은 족속이라
그날에 그들에게 은총과 간구하는 심령을 부어주시어
그날에 큰 애통으로 통곡하듯이 주님께 부르짖으리라
그릇되어 행하여 이스라엘을 치러 올라오는 외인들아
너희는 죄와 악에 엎드러져 그에 대한 심판을 받으라
주 여호와의 뜻을 거슬러 모든 심판을 행하는 자들아
그리스도의 뜻을 거슬러 말하고 보며 행하는 자들아
여호와께서 너에게 저주와 재앙을 내리실 것이라
너의 시선과 말과 행위가 그의 뜻을 거슬러
죄와 악 거짓과 심판을 발하였은즉
네 눈과 혀와 살이 썩어

네가 다시는 거짓을 발하지 못하게 하시리라

엎어진 잔

쏟아부어져라 들이부어라 마시우라
죄악과 행악은 저주와 사망의 잔을
공의와 정의는 믿음의 생명의 잔을
외인은 분노와 진노와 심판의 잔을
그의 백성은 죄사함과 회개의 잔을

쏟아부을지어다
들이부을지어다
마시울지어다

네 심령이 믿는 바를

따라 너희가 마시우리라
너희들의 행위를 따라서
네 행위를 갚으시는도다

그는 만군의 주 만왕의 왕
주 여호와 하나님이시니라

여호와께서 우리의 모든 죄와 악을
우리들의 머리에 쏟아부으시는도다
모든 사람들이 진노 아래 있으리니
주가 우리 행위를 갚으시는 것이라

받으라 마시우라
너희가 마시울 잔이라
주가 주시는 너의 잔이라
마시우고 취하여 드러내라
너희의 중심을 믿음을 심령을
너의 벌거벗음을 네가 장님임을
마시우고 취해 토하여 엎드러져
드러내리라 보이리라 나타내리라
네 죄악과 행악과 패악과 악행을
네 믿음과 회개와 순종과 충성을
이는 곡과 고통과 저주의 잔이라
주의 백성아 너도 마시울 것이라
주 예수를 믿는 믿음의 잔이니라
마시우고 취해 회개함을 받으라
너에게는 회개의 생명의 잔이라

- 5장 -

1. 거짓 선지자
2. 우상숭배자
3. 원망
4. 심판

거짓 선지자

누가 너희의 죄를 사하시며
누가 너의 주인이 되셨으며
누가 너희의 왕이 되셨는가

도대체 너희들의 주가 누구냔 말이냐
도대체 너희의 믿음이 무어냔 말이냐
도대체 너희가 무엇을 믿느냔 말이냐
너희가 예수 그리스도를 믿지 않으니

너희가 스스로 주인을 자처하였고
너희가 스스로 왕을 자처하였으며

주의 것을 네게로 이끌어 들이니
스스로 죄와 악을 쌓아 올림이라

너희의 왕이 예수 그리스도가 아니니
너희의 주가 예수 그리스도가 아니니
너희의 죄악이 너희에게 그대로 있어
너희에게 나아온 군중들의 죄와 악도
너희 머리 위에 쏟아부어짐을 보리라

너희에게 속한 군중들이 예수 그리스도께 돌이킴으로
회개함으로 믿음의 의에 이르면 주께서 받으시겠으나
선지자를 자처한 너희들은 주께서 받지 않으시겠으니

왕을 자처한 너희들의 교만이 너희를 떠나지 않으리라
너희의 높아진 마음이 낮은 자의 하나님을 거부했으며
너희가 예수 그리스도의 십자가 지심을 욕되게 함이라

너희가 세상의 죄악을 용서하신 그리스도를 거부하였으니
심판이 임하면 너희가 너희의 죄악을 마주하여 볼 것이라
교만이 너희의 수치가 되어 너희 머리 위에 쏟아부어지니
너희가 수치와 모욕과 환멸 중에 슬픔과 애통과 고통으로
저주를 받아 너희가 쌓아올린 죄악이 너를 심판할 것이라

우상숭배자

금 신상을 섬겨 그 우상에게 절하는 미친 자식들아
미신을 맹신하여 섬겨 그들에게 절하는 광신도들아
너희들이 섬기는 그것에 절하며 돌덩이에게 말하여
너의 그 거짓된 심령을 돌이켜 달라 간구하여 보라
너의 혼과 영과 육을 구원하여 달라 간구하여 보라

너희의 심령 또한 너희의 행위를 비웃을 것인즉
모든 이가 너희의 행위를 비웃을 것임을 알아라

너희가 돌덩이를 섬기니 너의 마음이 돌같이 굳었으며
미신을 맹신하여 섬기니 너희의 혼이 미쳤음을 알아라

악한 자들아 너희는 계속해서 금 신상을 섬기며
미신을 맹신하여 거짓 선지자에게 나아갈지어다
그곳에 절하며 너의 모든 것을 갖다 바칠지어다

네 죄의 악함이 주께 상달하였으니
너희가 어떻게 회개할 수 있으리오
어떻게 그리스도를 뵐 수 있겠느냐

네 죄의 악함이 회개치 않음으로 증명되었으니
너희는 악의 치리함을 받아 심판으로 나아가라

원망

주님을 바라지 않아 다른 이적을 바라고
주 예수를 소망하지 않아 세상을 소망해
모든 이들이 그들의 죄와 악으로 인하여
하나님을 원망하고 사람들을 원망하리니

죄악이 그들의 눈을 완전히 가렸음이라
그들의 마음이 세상으로 가득 찼음이니
너희의 마음이 죄악으로 가득 찼음이라
너희의 악이 여호와 하나님을 원망하나

하나님께서는 사랑하시며 용서하시니
너희의 원망이 자신을 판단할 것이며
너희의 판단이 자신을 심판할 것이오
너희의 원망이 너희의 주인을 향하여
그 또한 판단함으로 심판할 것임이라

이 또한 주님께서 너희를 용서함이시니
너희가 예수 그리스도를 알지 못함으로

주 예수 그리스도를 믿지 않을 것임이니
주 하나님을 볼 수 없으며 볼 수 없으니
하나님을 알지 못해 교만하여 죄만 남아
네 죄와 악한 마음이 자신을 심판하리라
심판이 임하면 네 죄악을 마주할 것이라

너희들의 마음이 죄악으로 가득히 차
너희의 마음이 원망으로 가득 찼음을
네 심중에 판단과 심판만이 남았음을

이는 너희의 주인이 없어 스스로 주인됨이라
너의 주인이 너 자신이니 마음에서 비롯되는
모든 죄와 악이 죄악에서 비롯되는 원망들이

원망에서 비롯되는 판단함과 심판이
자신 스스로를 판단하여 심판하리라

심판

그들이 인내함이 없어 기다리지 못하여 우상을 섬겼으며
그들이 믿음이 없어 나약함으로 고난 중에 불평하였으니
그들의 심중에 중심에 주님을 경외하는 마음이 없었더라
그저 앉아서 먹고 마시고 놀며 방탕함을 즐거워했음이니
그들 죄의 악함이 레위인들로 하여금 심판을 불러왔으며
그들의 죄가 불뱀을 불러와 그들을 죽음으로 내몰았으나

주님께서 모세를 통해 놋뱀을 만들어 장대 위에 세우셨으니
주께서 그들에게 믿음을 주시고 믿음 안에 생명을 주심이라

      장대 위의 놋뱀이 예수 그리스도의 예표이니
      주 하나님께서 우리를 죄에서 구원하기 위해

      예수 그리스도를 십자가에 메어 세우셨으며
      우리에게 그를 믿는 믿음을 허락하셨음이라
      주 예수께서 우리들의 죄악을 용서하심으로

십자가에 달려 피 흘리셨으니 주 예수의 피가 우리의 죄를
죄의 더러움을 이로 인한 수치를 깨끗하게 씻기셨음이도다
그가 우리를 용서하고 사랑함으로 우리 죄를 사하셨음이니

예수 그리스도 그분의 구원하심을 믿는 자들은
믿음 안에서 주를 사랑함으로 세상을 용서하여
창조주 여호와 주님께서 주시는 평안과 기쁨을
누리겠으나 주님을 믿지 않는 자는 어떻겠느뇨

죄가 악이 되어 그들의 악이 말씀을 거부하여
그들을 돌이키시는 하나님의 구원을 멸시하니
심판이 임하면 여호와 하나님을 원망하는도다

죄와 악이 끝에 다다라 추수가 끝난 것이오
하나님께서 알곡을 이미 거두어들인 것이라
이 땅에 알곡이 없어 그 쭉정이와 가라지만
남았음이니 그 악의 심판만이 남았음이도다

- 6장 -

1. 좁은 문 좁은 길
2. 진실함
3. 알곡과 쭉정이
4. 돌아오거라

좁은 문 좁은 길

우리가 죄인이니 거룩함을 입을 수 없지 않은가
죄로 인해 악한 자니 의를 행할 수 없지 않은가
아니라 주 예수의 십자가 지심이 영원 가운데서
이루어졌기에 그의 백성의 죄사함이 영원함이라

죄사함이 영원하다 여겨 우리가 죄에 머무르는 것인가
우리들이 연약하기에 죄악 가운데 머물러 있는 것인가
주가 일하시기에 그저 주의 일하심을 기다리는 것인가
아니라 우리의 모든 질문과 질의가 헛되며 무익하도다

예수께서 모든 것을 이루셨으며 그가 죽으시고 부활하사
승천하시어 성령이 오셨으니 주께서 우리 죄를 사하시고
용서하사 십자가를 지신 그리스도를 믿는 믿음을 주시며
믿음으로 우리가 성령과 교통하여 주의 인도하심을 받아
모든 것을 그리스도가 이루셨음을 믿어 의심치 않음이라

부르심을 받아 택하심을 받은 자들은
예수 그리스도를 믿는 믿음에 이르러

모든 것을 바라볼 것이라 예수 그리스도께서
길이 되심과 믿음 중에 하나님을 마주함으로

의의 옷을 입어 거룩하신 여호와
주 하나님 앞에 행하게 하시리니
모든 나라와 민족이 주의 택하신
백성을 통해 주의 영광을 보리라

이 길 오직 그리스도만을 믿는 믿음만이 거하는 길이니
세상에 거하는 우리가 어떻게 주님께 나아갈 수 있으랴
이 땅에 거하는 우리가 어떻게 그 길을 걸을 수 있으랴
우리가 할 수 없으니 주가 우리에게 길을 보이시는도다
하나님의 택하심을 따라 우리에게 길을 나타내시는도다
택함을 입은 자들이 믿음으로 그 길을 걸으며 보이리니
그리스도께서 우리를 위해 믿음의 행보를 나타내시리라
그로 인하여 모든 나라와 민족이 주께 나아옴을 보리오
모든 족속이 믿음의 문으로 들어가 그의 길을 걸으리라

진실함

진실함 그것은 자신의 모든 것을 내어 줌이라
신실함 그것은 진실함 가운데서 드러나는도다

주께서 우리에게 믿음을 주시기 위하여
믿음 중에 진실함과 신실함을 더하시려
다시 한번 희생을 준비하사 행하시리니

모든 권세와 예언의 말씀이 여호와께 있어
모든 생명과 호흡의 신령이 하나님께 있어

너희를 치료하시려 두 올리브 나구를
주님의 오실 그 길을 밝혀 두 촛대를
회개의 마음을 부어주고자 두 증인을

주님께서 너희를 구원하시려 사랑을 보이시니
너희에게 진실함을 보이사 너를 구원하시리라

알곡과 쭉정이

주께서 새 타작기로 이 땅을 치사 타작하심은
주 예수께서 오실 날이 멀지 않았기 때문이오
곡식을 타작함으로 알곡을 고르기 위함이시니
정말 좋은 것만 주님께서 보시기에 합한 것만

    그가 받으시고 취하사 거두실 것이오
    하나님은 선하시니 우리의 죄와 악이
    주 하나님의 목전에 드러나 보이리라

    우리가 우리의 죄와 악을 마주하리니
    그제야 우리가 온전히 주를 바람으로
    생명이 주 예수께 있음을 고백하리라

                  .

        내 영혼아 깨어라
        일어나 힘을 내라

그리스도께서 다시 오실 날이 멀지 않으셨도다
주 예수께 나아가 육신의 죄악을 벗어버림으로
주가 오실 날을 기다리고 예비함으로 거룩하라
주의 오실 날을 기다리고 예비함으로 준비하라

주께서 우리를 사랑하사 우리의 죄악을 용서하시니
나의 영혼아 나의 구원자 되신 주 예수께 나아가라
그가 우리에게 의의 새 옷을 입혀 단장하게 하신다
믿음으로 허리를 동이며 말씀으로 머리를 동여매사

    우리를 부르시니 세상의 것을 벗어버리고
    믿음으로 나아가 천둥과 우렛소리와 함께

    왕으로 심판주로 메시아로 다시 오실 그때
    거룩함으로 주께 나아가 그가 다시 오심을
    찬양함으로 찬미함으로 주님께 화답하여라

돌아오거라

뭍 곧 땅과 바람과 하늘과 그리고 해와 달과 별들
그가 지으신 모든 것 지음 받은 그 모든 생명들이
주께 있으니 그들이 우리에게 때를 따라 알리리라
달은 피로 물들리오 태양은 점점 더 뜨거워지리라

별들은 그리스도께서 다시 오심을 나타낼 것이며
하늘은 우리의 죄악을 슬퍼하며 울부짖을 것이오
하늘이 슬퍼하니 바람은 하늘의 마음에 감동하여
죄와 악을 쓸어버리기 위해 더 세차게 불 것이라

높은 산은 우리의 죄악으로 인해 분노할 것이오
이 땅 곧 뭍은 우리의 피로 인해 진노할 것이라
주 하나님의 사랑을 알지 못해 사랑하지 않으니
죄악이 끊이지 않을 것이오 우리들의 죄와 악이
그 끝에 이르르면 우리들의 죄와 악이 하나님과

우리 사이를 완전히 끊어버릴 것이라
그러니 주 예수 그리스도의 백성들아
그 끝이 이르기 전에 우리 죄와 악이
끝에 다다르기 이전에 주님의 화평이
제하여지기 전 우리를 위해 십자가를
지신 예수 그리스도 그분을 소망하라

그리스도의 순결함과 정결함이 십자가의 순종으로
그분의 순종이 우리를 위한 영원한 의가 되심이라
그의 의가 생명이 그리스도의 생명은 빛이 됐으니
하나님께서 우리를 빛으로 생명으로 이끄시는도다

오직 그를 믿어 우리가 믿음 중에 의를 행하리니
우리의 구원이 예수 그리스도 그에게 있음이어라

part. 3

- 1장 -

1. 음모
2. 예루살렘
3. 돌아옴
4. 변모

음모

너희가 모든 것을 네 밑에 두기 원하여서
너희가 주의 백성들을 진멸하기를 바라니
음모를 꾸며서 사람들에게 서신을 보내고
패악하고 패역한 자들과 함께 도모함으로

죽일 자를 예비할 것이나 네 죄와 악이
여호와 하나님의 목전에 드러날 것이니
그리스도의 생명의 존귀함을 경히 여겨
생명의 주인 되신 하나님을 멸시함이라

네 음모를 꾸며 그 살육을 준비할 것이나
주 예수의 성도들은 하나님께 간구함으로
기도하니 주 하나님께서 그들을 들으시어
네 죄의 악함이 네 자신을 심판할 것이라

네 악의 심판 가운데 너의 생명이 끊어질 것이나
그리스도의 백성들은 오히려 생명을 얻을 것이며
주 예수의 면류관을 받아 주와 함께 거할 것이니
성도들이 진실함과 신실로 주 하나님을 경외하여
여호와 하나님의 긍휼과 사랑을 입은 연고이어라

예루살렘

네가 핏덩이였을 시절 너희를 돌아보는 자가 없으므로
네가 들에 버려진 바 되어 주가 너희를 긍휼히 여기사
널 사랑으로 양육하셨으니 네가 아름답고 또 형통하여

    그 화려함의 명성이 온 땅에 퍼지더니

네가 네 처음을 기억치 아니하며 하나님을 잊어버려
도리어 자신의 명성에 취해 방자히 음란하게 행하여
네 아름다움을 그 사랑을 이방 민족에게 팔아버리고
네 자녀를 그 우상에게 넘겨주어 창기처럼 행함이라

    예루살렘아 옛적 네가 죄악으로 치우쳤을 때에
    주께서 선지자를 보내사 널 돌이키려 하셨으나
    하나님께 청종치 아니하며 도리어 죄로 치우쳐
    악을 행했으니 주 예수 그리스도께서 오셨으나
    네 죄의 악함이 주님을 거부하였고 멸시함으로
    회개치 않으며 도리어 주 하나님께 나아갔으니
    스스로 죄악을 주의 목전에 밝히 드러내는도다
    네가 스스로 주의 목전에서 교만을 드러냈으니

여호와 하나님께서 널 네 대적에게 붙이실 것이오
너희가 스스로 네 대적에게 자신을 넘겨줄 것이니

사방의 모든 나라가 너를 삼키러 올라오는도다
사방이 너를 치러 올라오니 악에 삼키어지리오
진노에 삼켜지리니 네가 벌거벗겨진 바 되리라

주가 너를 벌거벗기사 네 투기를 사르심이라
이로 너희가 다시는 행음하지 아니할 것이오
수치를 기억해 너의 행위를 부끄럽게 여기니

입을 열지 못하리라

주 여호와 하나님께서 온전히 너의 주인이 되사
생명과 평강의 복을 주어 너희로 창대하게 하려
너희에게 그 사랑을 알려 너를 구원하실 것이라

돌아옴

주 하나님께서 우리에게 말씀하사 명하여 이르시니
너희들은 내 앞에 있으라 내가 너희를 쉬게 하리라
주님께 답하여 일러 우리가 주를 떠나지 않을 것은
우리들의 호흡이 주 여호와 하나님에게 있음입니다
여호와 하나님께서 말씀하사 그런데 너희의 시선이
그리스도 주 예수를 향하지 않음은 어찌 된 것이냐
주께서 그의 백성들을 꾸짖으사 그들에게 물으시니

    주께 답하여 주가 지으신 이 땅을
    이 땅에 속한 모든 것을 사랑하니
    그들이 이 땅에 속한 모든 것들이
    자신을 돌아보아 달라고 말합니다

    그러므로 주께서 말씀하시더라
    너희의 생명이 주 예수께 있고
    내가 너희에게 명하여 내 앞에
    있으라 하였으니 네 그 시선과
    너의 마음의 생각과 뜻 소망이
    그리스도를 향함이 마땅함이라

그리스도의 백성들이 주 여호와 하나님
차조주 주님의 말씀에 답하여 일렀으니
창조주 주 하나님께서 우리를 사랑하사
주 예수께서 우리 죄악을 용서하셨으며
우리를 부르시고 명하사 이끄실 것이니
우리가 주 하나님께 순복하고 순종하여

영원히 주 하나님 앞에 있을 것입니다
이는 주님께서 우리를 사랑하심입니다
그러자 하늘나라에서는 잔치가 열리어

천사는 춤을 춰 노래하며 즐거워하고
하늘의 별은 기쁨으로 소리쳐 외치니
주 예수의 백성이 돌아옴을 알리더라

변모

끝이 다가오니 주님께서 백성들의 심령을 낮추사
주 여호와 하나님의 심판을 마주하게 하시는도다
주의 심판을 마주함으로 주님의 긍휼을 입으리오
여호와의 긍휼을 입고 하나님의 은혜를 받으리니
예수 그리스도를 바라여 그의 구원을 기다림으로
그리스도의 호령에 따라 하나님께 나아갈 것이라

주께서 호령하사 예수 그리스도의 백성들을 부르시니
그들이 빛으로 변모하여 일제히 하늘로 올라가는도다
그의 호령에 따라 그의 백성이 빛으로 변모할 것이오
부르심을 따라 주 예수의 백성은 주께 나아갈 것이나

부르심을 받지 못한 사람들은 하늘을 올려다보며
두려워할 것이오 두려움은 원망이 되어 구원받은
백성을 원망하며 그들을 구원하신 주를 원망하니

죄악의 끝이 이르러 이 땅에
가라지와 쭉정이만 남았더라

- 2장 -

1. 탐식
2. 시험
3. 호흡
4. 충만함

탐식

우리가 육의 욕심을 따라 취할수록
육신을 따라 세상의 것을 찾으리오
세상의 것을 찾아 죄로 치우치리니
죄의 악함이 세상을 것을 찾으리오

세상의 것들을 찾으니 죄악이 율법이
세상이 사망이 음부가 우리를 삼키니
우리의 영혼이 잠자며 병드는 것이오
영혼이 병드니 우리의 육신이 잠자며
병들어 결국 사망에 심판에 이르니라

그러므로 주님 안에서 바라는 한 가지는
창조주 주 여호와 하나님의 말씀을 따라
주 예수 그리스도 우리들의 주 하나님을
믿는 믿음 이 한 가지라 그 믿음 안에서

창조주 여호와 주님을 경외하여 섬기리오
하나님을 섬기니 여호와를 의지할 것이오
스스로 자신의 것들을 내려놓아 버리리니
주 예수 그리스도 그를 믿는 믿음 안에서
주 앞에 서기 위해 육의 욕이 끊어지리라

시험

자신을 자랑하여 하나님을 대적하지 말아야 함은
주께서 우리를 지으셨으므로 우리의 힘과 지혜가
우리의 지으신 바를 따라 하나님에게서 왔음이라
힘과 지혜야 너희들을 지으신 하나님을 높이어라
주께서 우리들의 주인이심을 온 땅에 알릴지어다
스스로를 높여서 스스로 시험에 빠지지 말지어다
그러나 세상이 말씀을 막아 스스로를 자랑함이라
지은 바 된 사람이 창조주 하나님을 바라지 않아
제 자신이 주인이 되어 육의 것을 채우는 것이라

    이는 그저 탐하는 마음이오 욕심이라
    육신은 죄악으로 인해 썩어질 것이니
    썩은 것을 무엇으로 어떻게 채우리오
    썩어질 생명이라 채워질 수 없음이라

그러나 여호와 하나님께서 역사하심으로
그의 말씀이 이 땅 우리에게 오시었으니
그리스도께서 이 땅에 현현하시었음이라
그리스도께서 사단의 시험을 이겨내시어
죽기까지 여호와 하나님께 순종하셨으니
우리를 향하신 주 예수의 사랑의 순종이
깨어진 마음에 샘물을 부어주심이었더라

호흡

우리의 호흡이 주님께 허락을 구하고자 함은
호흡이 하나님께 있어 생명의 소원하는 바라
호흡이 주 하나님께 용서를 구하고자 함이니
호흡이 주가 주인임을 고백하고 있는 것이라

주 하나님의 말씀에 순종하지 않을수록
호흡이 여호와 하나님께 허락을 구하니

모든 입의 말과 행동들이
우리 마음의 생각과 뜻이
주 하나님 앞에 있음이여

그리스도께서 우리를 부르시고
하나님께서 우리에게 명하시어
순종함으로 나아오라는 것이라

이로써 우리의 모든 것이 주 앞에 있음을
주께서 우리를 부르시어 인도하고 계심을

주는 거룩하사 온전하시어 완전하신 것을
하나님께서 우리의 창조주와 주인 되심을
우리의 호흡이 증명하고 고백하는 것이라
호흡아 너는 예수 그리스도께 부르짖으라
예수 그리스도께서 우리 죄를 용서함이라

호흡아 우리의 죄악을 용서해 주신 주님께 나아가
믿음으로 주 앞에 설지라 그가 우리를 부르심이라
그리스도께서 우리의 주인이시며 우리의 왕이시라

    그러니 생명아 믿음의 의를 입으라
    주 예수께서 우리의 죄를 용서하사
    우리의 수치를 감싸 안아 주심이라
    그러니 나의 호흡아 두려워 말아라

    주 예수께서 우리의 주인이심으로
    우리의 길을 인도하여 주시는도다

충만함

세상에 이 땅 위에 주의 임재가 충만하니
하나님께서 사랑으로 모든 것을 지으시고
또한 사랑하사 용서하시기 때문인 것이라
주의 지음 받은 모든 것에 생명이 깃들어

    생명이 그 호흡이 하나님을 알고
    그 말씀 아래 순종하기 때문이나
    세상은 이것을 알지 못할 것이니
    그들은 그들 육의 유익이 먼저라
    그들은 자신의 육의 것을 탐하니

주의 말씀과 창조와 하나님의 섭리
하나님의 지으신 피조물 안에 깃든
생명의 순종을 보고 아름다운 것이
자연의 섭리와 천체의 운행의 뜻이
주님의 섭리가 무언지 알지 못하니
주 여호와 하나님을 알지 못함이라

이 땅에 우리에게 죄악이 들어왔고
우리의 죄와 악이 세상이 되었으며
세상이 다시 우리의 눈을 가렸으니
육이 저의 이익만 추구하는 것이라

세상이 자신의 이익만을 추구하게 했으니
우리 모두가 하나님의 것을 훼손하였으며
모든 이가 하나님의 일하심을 훼방함이나
이는 또한 여호와 하나님의 일하심이시니

죄와 악에서 구원하시기 위함이더라
주 하나님께서 모든 것을 주 예수께
그리스도 안에 숨기우사 감추셨으니
우리가 그 무엇도 알지 못할 것이나
믿는 자는 주를 보리니 믿음 안에서
그 사랑 그 임재가 충만함을 보리라

- 3장 -

1. 주께 구함은
2. 변화
3. 기도
4. 묵상

주께 구함은

하나님께서 우리의 간구와 기도를 들어주심은
그가 우리의 마음 깊은 곳 소원을 허락하심은
하나님의 선하신 구원의 섭리로 이끄심이더라
그의 인자와 자비로 사랑하고 용서하심이더라

주께서 그리스도를 통해 우리를 온전히 사랑하시며
온유함의 자비와 인자로 사랑하사 이끌어 인도하나
우리의 말이 주를 온전히 사랑한다 말할 수 없음은

죄악으로 인하여 그저 사라질 존재라
마음의 생각과 뜻이 온전치 않음이라
주 여호와 하나님께서 이러한 우리를
긍휼히 여기사 포기치 않으실 것이니

여호와 하나님의 인자와 온유하심으로
우리를 인도하시어 온전함으로 그리고
사랑으로 우리를 회개하게 하시는도다
주님께서 우리를 회개로 인도하시리니
주께서 우리를 구원으로 이끄시는도다

변화

주 예수께서 우리를 부르시니
이 땅에 속한 모든 것 버리어
주 예수 그리스도께 나아가라
오직 예수 그리스도가 계시며
말씀이신 주 예수만 거함이라

주 예수 그리스도를 믿음으로
주님께서 창조주 되심을 알며
오직 하나님만이 계심을 알아

믿음을 통해 주께서 말씀하시리오
우리를 기도하는 자로 변화시키사
여호와 하나님의 긍휼하심을 입고
믿음을 취하여 '의'를 입게 하시니

예수 그리스도 안에 내가
내 속에 그리스도가 계셔

주님의 말씀에 힘입음으로
말씀에 힘입어 사랑함으로

하나님께서 지으신 모든 것 안에
그리스도 주 예수가 계심을 알며
주님의 지으신 모든 피조물 아래
주 예수 그리스도가 계심을 알아

하나님께서 지으신 모든 생명들을
사랑으로 품고 사랑하여 용서하며
하나님의 말씀 안에서 간구함으로
그리스도 안에서 기도하게 하시니

오직 여호와 하나님께서
예수 그리스도로 인하여

잃어버린 양들을 모두 찾아
주 예수께 인도하실 것이라

기도

우리가 하나님께서 주인 되심을 믿지 못함이라
하나님께서 우리의 주인 되심을 알지 못함이라
그러므로 사람이 자기가 주인이 되어 걱정하고
근심하니 하나님을 알지 못하며 믿지 않음이라

  그러나 주를 바라는 자는 그리스도 안에서
  말씀을 믿어 하나님을 마주하여 볼 것이라
  주를 마주하여 보니 또한 주께 구함으로써

기도함으로 죄와 악 가운데 믿음으로 일어나
주님의 구원을 바라고 구하여 간구할 것이니
그러므로 여호와 하나님께 구하는 한 가지는

      주 예수께 나아감이라
      주의 나라를 구함이오
      주의 다스림과 일하심
      주의 능력을 구함이라

  그리스도 안에 주께서 우리를 위하여
  예비하고 준비하신 모든 것이 있으니
  바라고 간구하여 기도하는 모든 것이
  오직 주님의 나라를 구하는 것이더라

묵상

주를 묵상함을 혼과 영이 마음의 생각과 뜻이
주를 묵상함을 기뻐하니 주께서 온유하심으로
우리를 사랑하사 용서하여 이끄시기 때문이라

    하나님의 온유하심과 사랑으로 창조
    창조 안에 깃든 주 하나님의 섭리들
    섭리 안의 순종 그 순종의 아름다움

모든 것이 하나님이오 주님의 아름다우심이라
그 아름다우심과 사랑으로 나아오라 명하시니
호흡이 생명이 그리스도의 부르심을 기뻐하여
예수 그리스도께서 우리를 부르시는 그곳으로
그리스도께 나아가 여호와 하나님을 바라보며
여호와 하나님의 사랑과 온유하심을 묵상하니

    지음 받은 모든 생명이 여호와 하나님의
    아름다우심과 그리스도의 사랑을 말하여

    우리가 여호와 하나님의 형상을 닮아
    주 하나님의 그 아름다우심을 담았고
    주 여호와의 그 거룩하심을 담았으며
    주 예수님의 사랑이 있음을 알리더라

- 4장 -

1. 온유함
2. 낮아짐
3. 짊어짐
4. 예배

온유함

주 예수 그리스도께서 십자가에 달리심은
우리에게 회개의 마음을 주시기 위함이라
회개함에 겸손한 마음과 온유한 마음들이
겸손한 마음으로 주님의 말씀을 청종하며
청종함으로 죄와 악을 멀리하여 순종하고
순종함으로 주를 사랑하여 충성할 것이니

주의 온유하심으로 우리를 부르시며
하나님의 성실로 우리를 이끄심이라
우리를 사랑으로 인도하사 이끄시니

주께서 우리를 순종의 길로 인도하시기 위해
주께서 우리를 구원의 길로 인도하시기 위해

온유함으로 우리에게 온유한 마음을 허락하시며
하나님의 성실하심으로 말씀을 듣게 하시는도다
주께서 우리에게 허락하신 온유함으로 말미암아
우리가 주님의 말씀 앞에 온유함으로 서게 되면

온전한 믿음만을 가지고
온전히 주님만 바라리라

낮아짐

주님을 알지 못해 이 땅에 사랑이 없었으니
죄악된 마음들이 모여서 세상을 이루었으며
세상의 것들은 우리들의 마음을 나타냈으니
높아진 마음은 세상을 소망하게 하였음이라

그러니 낮아짐은 우리의 죄와 세상의 악함을
용서하사 사랑하신 주 예수를 믿는 믿음이라

주 하나님께서 높아진 마음 가운데
예수 그리스도를 향한 믿음을 주사
우리를 용서하신 주 예수를 바라여
믿음 중에 우리의 마음을 낮추시니

우리의 시선을 하나님께 돌려 주를 보게 하시더라
주 예수를 믿어 하나님을 바라여 소망하게 하시니
주 예수가 가신 길을 따라 사랑함으로 용서함으로
그의 길을 가는 자는 여호와 하나님을 마주하리라

그리스도를 믿으니 우리 안에 말씀되신 그리스도가
우리를 인도하여 자신의 죄악을 마주하게 하시리오
자신의 죄를 마주함으로 예수 그리스도를 바라리라

짊어짐

주 예수께서 우리에게 십자가를 지라 명하심은
우리를 여호와 하나님에게 이끌기 위한 것이오
그리스도께서 우리와 함께 하시기 위한 것이라

그리스도께서 자기를 낮추시어 십자가를 지심과 같이
우리도 부르심을 따라 여호와 하나님 앞에 서기 위해
자기의 십자가를 짊어져 예수 그리스도께 나아가리라

우리의 영혼과 마음의 생각과 중심은
주의 부르심을 따라 순종하기 위하여
세상의 것을 버리겠으나 육의 소원은
하늘에 있지 않으니 육신을 품으리오
사랑함으로 육신의 죄를 끊을 것이나

육의 소원은 남으리니
육신의 욕을 버리리라

말씀이 육신을 입어 육신을 버려 하나님께 순종하며
순종으로 십자가를 짊어지셨으니 하나님의 독생자라
예수님께서 죽으셨으나 하나님께서 다시 살리셨으니
그는 말씀이시며 말씀 위에 오직 하나님이 계심이라

주 예수 그리스도는 말씀이시니
그가 하나님과 함께 하시는도다

그러나 주께서 자신을 낮추사 우리에게 오셨으니
부르심을 받아 그리스도의 택하심 받은 백성들은
그리스도 앞에 서기 위하여 십자가를 짊어지리오
주 하나님께서 자신의 백성들과 함께하시기 위해

우리에게 믿음을 주시며 예수 그리스도 안에서
오직 그리스도로 인해 우리에게 순전한 순종의
열매가 맺혀 부르심을 따라 십자가를 짊어지니
이로써 주 여호와 하나님께서 기뻐하실 것이라

예배

세상의 죄와 죄인된 우리의 약함을 보며
세상의 악함과 우리의 죄인 됨을 봄으로
죄악 가운데 회개로 부족함 중에 기도로
연약함 중에 믿음으로 주 예수를 바라여

그리스도를 보니 그의 사랑이 한결같이
우리를 구원하시기 위해 쉬지 않으시니

하나님의 사랑이 우리 마음을 열고 눈을 열어
우리에게 영혼들을 비추시고 사랑을 부어주사
사랑으로 기도하며 주를 예배하게 하시는도다

주 예수의 이름을 선포함으로 그리스도의 이름을
이 땅에 전하는 것이 우리의 기쁨이 되고 기쁨은
즐거움이 되어 하나님께 감사로 예배를 드리리니

여호와 하나님께서 예배를 받으사 기뻐하시리오
주 여호와 하나님의 기쁨은 우리의 상급이 되어

주 예수 그리스도의 인도하심을 따라서
부르심의 상급을 향하여 달려갈 것이라

- 5장 -

1. 바람 소망 설렘 기쁨
2. 즐거워하며
3. 알게 하심
4. 성령

바람 소망 설렘 기쁨

우리들의 왕이 그리스도이시니
너희의 구원이 주 예수께 있어
죄사함이 그리스도께 있음이여

네 바람이 주 예수 그리스도께 있음이오
네 소망 또한 예수 그리스도께 있음이라
바람과 소망 그 설렘이 하나님께 있으니
네 기쁨이 주 여호와 하나님께 있음이라

주 여호와 하나님께서 우리들을 사랑하심으로
그리스도 안에서 우리에게 생명을 주셨음이니
우리를 주 예수의 사랑 안에 거하게 하는도다

주 여호와 하나님의 사랑으로 인해
주 예수 그리스도의 십자가 안에서
주 여호와 하나님의 신부가 되리니

우리가 부끄러워 할 것이오
설레어 하며 기뻐할 것이라
신랑이 신부를 사랑함 같이
맞이하여 또 사랑할 것이니
우리 또한 그를 사랑하리라

즐거워하며

우리의 기쁨과 희락과 즐거움이 하나님께 있으니
여호와 하나님께서 우리를 예수 그리스도 안에서
사랑하고 용서하여 생명을 주사 기뻐하실 것이라

하나님께서 그들에게 말씀하시기를
내 사랑하는 자들아 어디 있느냐
주님의 말씀에 그들이 청종하여
주님 저희가 주 앞에 있습니다
주께서 저희를 사랑하심으로
제가 주를 떠날 수 없음을
우리의 주께서 아십니다

여호와께서 말씀하시어
착하고 충성된 종들아
이는 네가 하나님께
충성되어 순함이니
나의 기쁨 안에서
너희가 기뻐하며
즐거워할지라

그러므로 그들이 항상 주 앞에 있어
다시는 하나님을 떠나지 않음이더라

알게 하심

하나님께서 사랑함으로 우리를 용서하사
주 예수 그리스도를 이 땅에 보내셨음은
모든 것을 우리들에게 알리사 믿게 함은

주 예수 그리스도를 향한 믿음을
그 믿음 안에 단단함과 견고함을

단단하여 견고한 믿음으로 순종을
순종 안에서 거룩함으로 나아감을

거룩함 가운데
순종의 기쁨을

기쁨 중에 즐거워함을
기쁨과 즐거움 가운데
희락과 화평과 참선을
온유와 절제와 인내를

이로 인한 충성을

이 모든 것이 주 예수께 있음을
네게 알리사 믿음을 더하심이라

성령

성령 그분은 주 하나님의 사랑과
주 예수 그리스도의 십자가 사랑
우리를 그 죄에서 돌이키게 하는
여호와 하나님의 용서하심이더라

성령 하나님은 죄악을 버림으로
주를 바라는 선진들과 함께하사
그의 백성들에게 죄악의 심판과
그의 구원을 선포하게 하심이라

성령 하나님은 말씀되신 주 예수 그리스도
우리를 향한 주 하나님의 사랑과 죄사하심

주 예수 그리스도와 함께하심으로 순종이
제사보다 나음을 우리에게 보이신 분이라

예수 그리스도를 믿어 자신의 죄악을 자복하여
고백함으로 슬퍼하는 죄인들과 함께하시었으니
회개하는 자를 순종케 하시며 도우사 인도하여
여호와 하나님 그분의 구원하심을 전하게 하는

우리를 도우시는 성령 하나님이시라

- 6장 -

1. 진리
2. 말씀
3. 천국
4. A_Ω

진리

주님께서 채찍을 맞으심은 우리의 어리석음 때문이오
주님께서 십자가에 달리심은 우리의 교만함 때문이라
죽으시고 부활하심은 우리에게 생명을 주기 위함이니
하늘로 올라가심은 우리를 빛으로 이끌기 위함이시라

  그를 믿는 믿음이 하나님을 경외하는 지혜를
  그의 지혜는 근신과 명철과 총명을 허락하사
  죄에서 돌이키는 지혜와 지식 믿음을 주시니

  참되며 진실한 생명 진실하여 신실한 그 믿음
  진실하여 신실함으로 세상에 오사 사랑하시고
  용서하시어 내어주신 생명 죽으시고 부활하사
  하늘로 승천하여 빛이 되신 주 예수 그리스도
  그의 생명의 진실함과 신실함으로 하나님께서
  믿음이 되게 하사 주를 아는 지식을 허함이라

지식은 지혜가 되어 믿음이 되리오 믿음은 길이 되고
주님의 길은 생명이 주 예수의 생명은 빛이 되었으니

  주 하나님께서 우리를 타일러 깨우치며
  그가 우리의 마음을 단련하여 연단하사
  악에서 돌이켜 생명을 주시기 위함이라

말씀

낮아짐에 있는 주를 향한 믿음
곧 마르지 않는 영원하신 샘물
믿음 안에 거하는 회개와 순종
곧 영생에 이르는 성령의 열매

성령의 열매에 담긴 겸손함과 온유함
겸손하여 온유함으로 걷는 순종의 길

순종으로 인한 충성, 순종과 충성의 사랑
그 사랑 길에 담긴 하나님의 창조의 섭리
하나님의 사랑과 그의 섭리의 아름다우심
그의 사랑의 의로움과 하나님의 거룩하심

이 모든 것을 그리스도께서 십자가를 지심으로
단번에 이루사 믿는 사람들에게 거저 주신지라
이는 하나님께서 우리에게 주시는 새 새명이라

그리스도께서 십자가에 달리사 모든 것을 이루셨으니
여호와 하나님의 말씀에서 부족함을 느끼지 못하리라
이는 주 예수의 순결과 정결 그리고 순종과 충성이라

천국

죄악에서 믿음으로
악에서 의로움으로

죄짐의 결박에서 자유함으로
율법에서 사랑과 용서함으로

패역에서 주님의 공의와 정의로
죄악의 치리에서 예수 그리스도
우리의 주 하나님의 다스림으로

약함에서 견고함으로
견고함에서 반석으로

주 예수께서 우리에게 오심으로 길이 되셨으나
네가 보이는 것에 현혹됨으로 세상을 쫓아가니
여호와 하나님의 아름다우심을 볼 수 없으리라
너희가 볼 수 없으니 천국이 네게 없을 것이나
그리스도 예수를 바라는 자는 회개에 이르리니

천국이 너희의 것임이라

A_Ω

하나님 창조와 혼돈 또한
공허와 어두움 그러나 빛

하늘의 궁창과 땅의 바다
땅 곧 뭍 그리고 낮과 밤
징조와 계절 또한 날과 연

하늘과 바다 땅의 생물과 짐승
주 하나님의 형상 그리고 축복
번성하고 충만하여 다스릴지라

어둠, 그리고 죄로 인한 타락
그러나 여호와 하나님의 사랑

그 시작이 미약해 보여 미력해 보였겠으나
그 끝은 창대하리니 주님은 알파와 오메가
시작과 끝 완전하사 온전한 거룩하신 주라

예수 그리스도께서 하나님의 영원하심과
거룩하심으로 사랑하기를 쉬지 않으시어
하나님의 백성들이 혼돈에서 완전함으로
완전하사 거룩하신 하나님께 나아감이라

우리가 그리스도 주 예수 안에 있으니
하나님의 거룩하심 앞에 나아감이어라
하나님은 영원하시니 그리스도 예수의
거룩하심이 영원하며 주는 거룩하시니

그의 백성을 향한 주의 사랑이 영원하여
하나님의 사랑 안에 그의 공의와 정의가
주 예수의 십자가 사랑이 영원한 것이라

하나님의 영원하심 아래 주의 사랑과 거룩하심과
그분의 공의와 정의가 하나님의 사랑이 영원하여

예수 그리스도의 의가 영원하리니 주의 영원 안에서
주 여호와 하나님으로 말미암아 노래와 시와 찬미가
감사와 찬양과 찬송으로 주 하나님을 찬미할 것이니

하나님의 영화로우신 사랑 안에서
오직 그리스도의 사랑으로 인하여

우리가 주 예수를 사랑하며 하나님을 사랑하니
주의 영원하신 말씀 아래 사랑으로 순종하리라

성전

왕

주 예수께서 세상에 오사 의를 행하시니
생명을 내어주기까지 하나님께 순종하사
이 땅의 상한 갈대를 꺾지 아니하셨으며
꺼져가는 심지를 끄지 아니하셨음이도다
여호와 하나님께 순종하여 충성함으로써
자신을 내어주신 예수 그리스도 그 사랑

주님의 지혜 앞에 모든 이가 주 예수 그리스도
주님을 공경하여 그의 가르침을 기다릴 것이니
예수 그리스도께서 우리에게 오사 의를 행하여
주 여호와 하나님의 공의를 굳게 세우심이도다

주 여호와 하나님을 경외하여 죽기까지 순종하는
그의 지혜와 존귀 순종과 충성 그 의로움을 보아
주께서 열방으로 하여 그리스도를 바라게 하시니
주 여호와께서 그리스도의 왕위를 굳게 세우시어
열방으로 하여금 주 예수를 공경하게 하심이도다

여호와 하나님께서 주 예수를 따르는 진실하여
신실한 그의 백성을 택하사 정금으로 빚으시니
주 예수의 나라는 공의로우며 정의로울 것이오
모든 민족들과 나라와 열방이 예수 그리스도의
행하심의 순종을 따라 의를 행하게 하심이도다

    주 여호와 하나님의 공의와 정의
    주 하나님의 거룩하신 사랑 안에

주 예수 그리스도 하나님의 정의가 모든 하늘과
온 땅을 이어 하나님의 공의가 굳게 세워지리라
온 백성이 주 예수 그리스도의 다스림을 바라여
주 예수 그리스도의 나라가 굳게 세워질 것이라
다시는 멸망하지 않으리오 오직 주 예수 안에서
주 하나님의 공의와 정의 그 거룩하심의 영광이
주 여호와 하나님의 땅에 영원토록 빛날 것이라

성도

여호와 하나님께서 친히 경영하시어 이 땅에
완전하신 길을 굳게 세우사 곧게 하시었으니
주 여호와 주님의 이름은 견고한 망대이시오
주 예수 그리스도의 이름은 견고한 터이시라
예수 그리스도의 택하심을 받은 의의 백성은
주 예수 그리스도께 나아가 죄악을 자복하여
회개함으로 주 하나님께 의롭다 칭함을 얻고
주 여호와 하나님께 나아가 안전함을 얻으니
그가 그의 백성의 길을 완전하게 하시는도다

    주님의 백성은 그리스도 안에서
    믿음으로 주님께 나아갈 것이오
    그리스도의 백성된 성도를 향한
    하나님의 사랑은 끝이 없으리니

    우리가 완전하고 온전한
    사랑으로 나아갈 것이오
    우리가 온전하고 완전한
    거룩으로 나아갈 것이니

    만군의 주인 만왕의 여호와에게
    창조주 하나님께 나아갈 것이라

영화

하나님께서 생명을 사랑하사 주 예수를 통하여
죄인과 악인에게 생명을 주사 빛으로 이끄시니
악인과 죄인을 빛으로 인도하시는 주 하나님을
의롭지 못하다 할 수 있겠느냐 그저 주 하나님
그의 크심과 그 아름다움을 찬송하며 송축하여
주 예수의 행하심의 아름다움을 바라볼 것이오
하나님께서 우리로 하여 주의 영광을 삼으시어
주 예수께서 우리로 하여금 영화롭게 하셨으니
감사로 주 예수 그리스도를 찬양하여 찬미하여
여호와 하나님 그 이름을 영원토록 찬송하리라

시와 노래로 찬양하여 찬미하리오 찬송함으로 송축하여
주 예수 그리스도 주님의 이름이 세세토록 빛날 것이니
주님의 성도들을 향하신 주 하나님의 사랑이 끝이 없어
예수 그리스도의 영광이 온 세상을 밝게 비추실 것이라

    주 하나님의 영화로우신 그 사랑 안에서
    주 예수 그리스도 그의 이름을 노래하여
    주 여호와 하나님 그를 영화롭게 하리니

    주의 은혜와 그 사랑이 모든 민족과
    온 나라와 온 열방에 충만할 것이라

영광

지혜가 사람으로 하여 그를 영광스럽게 하나니
이 땅의 지식이 되고 지혜가 되어 믿음이 되신
그리스도께서 우리들을 영광스럽게 하시는도다

    주의 백성아 볼지어다
    주의 행하심의 순종을

우리를 위해 친히 시험과 죄의 심판을 받으사
죽음과 고난을 통해 영광과 존귀로 관을 쓰신
주께서 죽기까지 사랑하기를 포기하지 않으사
만유 위에 계신 주 예수 그리스도를 볼지어다

    주님께서 우리의 길이 되어
    빛이 되사 영광이 되셨나니

우리로 주 예수 그리스도를 믿게 함은
그 영광을 우리와 함께 누리려 함이오
성도들의 영광은 예수 그리스도이시며
주 예수의 영광은 주 예수의 성도이니
이 모든 것은 마지막 때를 준비함으로
이겨낼 수 있게 예비하신 주의 은혜라

존귀

그리스도께서 낮은 자로 오사 십자가를 지시니
온 인류로 하여 주 예수 안에서 존귀케 하시려
죄의 짐을 짊어져 고통과 슬픔을 함께하셨더라
그가 낮은 자로 오셨으나 어떤 자가 주 예수를
우리의 하나님을 천하다고 비웃을 수 있겠으랴

모든 것은 주 여호와로부터 말미암은 것이니
하나님께서 우리로 하여 주 예수 그리스도를
예배하게 하사 주 예수를 찬송하고 송축하여
주 여호와 하나님을 찬미하게 하려 하심이라

우리들의 입술의 모든 말이 존귀하신 주를 예배하여
찬미하니 주께서 우리를 그리스도께로 인도하심이오
주 예수께 나아가 회개함으로 생명을 얻게 하심이라
주 예수 안에서 의롭다 칭함을 얻고 새 생명을 얻어
그와 함께 거함으로 그가 우리를 정금으로 빚으시니

여호와께서 우리를 연단하고 단련하사
정결하고 순결하여 순종으로 충성하는
하나님께서 택정하신 아들로 삼으시어
우리를 존귀한 정금으로 빚으심이도다

권능

주 예수의 순결과 정결이 십자가 순종으로
그리스도의 순종이 주 하나님의 의가 되어
그의 순결과 정결 거룩함과 의로우심 앞에
해와 달이 그들의 빛을 부끄럽게 여기리니
그들이 빛을 잃어버려 빛을 내지 않으리오

주 하나님께 순종하여 사랑하고 용서함으로써
자신을 내어주는 주 예수 그리스도의 그 사랑
그의 지혜 앞에 모든 지혜가 썩어버릴 것이니
모든 보좌와 온 하늘의 별들이 떨어질 것이라

예수 그리스도께서 우리를 사랑하사 용서하셨으나
주 하나님께 나아가 자신의 죄를 회개하지 않으며
회개함을 미워하여 죄로 인해 더욱 악해질 것이니
그리스도께서 오실 때가 되어 주 예수의 거룩함과
그 의로우심 앞에 죄와 악으로 쌓아 온 모든 터와

온 하늘의 권능들이 흔들리는도다

권세

사단의 시험을 받으사 능히 이기심으로
주 예수 주님의 의로움을 입증하시었고
십자가에 달리사 우리의 죄를 사하시어
주 예수의 정결과 순결이 입증되었으니

그리스도께서 죽으시고 부활하사 승천하시어
여호와 하나님의 독생자이심을 입증하셨더라

순결과 정결 그의 의가 그리스도의 거룩하심으로
거룩하신 주 예수 그리스도께서 고난과 죽음으로
영광과 존귀의 관을 쓰사 하늘 두루마리 인을 떼

권세와 권능과 영광을 받으시어 하나님을 거룩하게 하사
우리를 영화롭게 하시려 주님의 사랑을 포기치 않으시니

누가 다시 오실 주님 앞에 감히 설 수 있겠는가
오직 완전한 자라야 그 앞에 설 수 있을 것이니
그 사랑을 받은 그리스도의 백성아 믿음 안에서
하나님을 경외하여 사랑하기를 포기치 말지어다
주께서 너희를 온전케 하사 완전케 하실 것이라

부

주 예수 그리스도께서 모든 것을 이루사
우리에게 주시었고 또한 허락하시었으니

모든 하늘이 온 땅에 응하여서
땅 물이 모든 아름다운 열매와
좋은 소산을 내어 땅의 식물은
육축과 그 온 생명에게 응하니

이는 새 하늘과 새 땅이오 에덴의 형상이라
예수 그리스도께서 우리들에게 생명을 주사
우리의 죄의 그슬린 옷을 벗기고 죄를 사해
의의 새 옷을 입혀 그 원수를 쫓아내었으니

높은 산과 낮은 들판 바람과 바다와
하늘과 땅과 물 그의 모든 생명들이

주님의 기이함을 노래하여 주 예수 그리스도
여호와 하나님의 아름다우심을 나타냄이어라
이는 주 예수 안에 감춰진 문 잠긴 동산이오
그 안에 숨겨진 주 하나님의 아름다우심이라

부귀

사랑 그것은 거룩함이오 순종으로
주 하나님을 경외하여 경배함이니

예수 그리스도께서 사랑함으로
모든 인류의 모든 허물을 덮어
그의 모든 피조물 위에 뛰어나
만유 위에 계신 주를 볼지어다

영광과 존귀가 주 예수 그리스도 것이오
권능과 권세와 그의 영광이 주의 것이며
부와 부귀의 그 영광이 여호와의 것이니
심판과 구원 또한 주 여호와의 것이로다

온전함으로 완전하사 거룩하심으로
창조의 모든 것이 여호와의 것이며
그 독생자 예수 그리스도의 것이나

우리들을 위하여 그 모든 것을 받으시기에
합당함을 입증 받으시고 모든 것을 버리어
순종을 택하사 주 예수께서 죄짐을 짊어져
우리들에게 십자가를 짊어지라 명하셨으니

예수 그리스도의 영광을 우리들과 함께
주께서 누리게 하시려 함이 아니겠는가
그리스도께서 우리에게 모든 것을 주사
우리들과 함께 하시려 함이 아니겠는가

    그러니 순종함으로 충성하여
    여호와 하나님을 경외함으로
    예수 그리스도 그 길을 따라

    주의 십자가를 짊어지는 것
    주의 말씀이 부귀가 아니면
    무엇이 부귀일 수 있겠는가

완전한 길이 오직 그리스도께 있으니
주님의 말씀이 길이요 진리요 빛이라

복음

말로써 국사를 운영하며
글로써 국정을 감사하니

그 글과 말에 힘이 있음이오
글과 말마다 제 뜻이 있으니
그 입의 말에 호흡이 깃들어
그 말의 소리에 음이 깃들어

소리를 뱉는 자로 하여 그 소리가
나타내는 곳으로 사람들을 이끌며
소리를 듣는 자로 하여 그 소리가
이끄는 곳으로 사람들을 인도하니

복음 그것은 그리스도라
예수 그리스도의 소식은
평강과 평화의 소식이오
평화와 평강의 소리로다

주 예수 그리스도의 복된 소식은
그 소리를 듣는 사람들로 하여금
주 예수 그리스도를 믿게 하나니
그 소리가 믿는 사람들로 하여금
의로써 그들의 길을 곧게 함이오
그 소리를 믿는 사람들로 하여금
주의 공의로 굳게 서게 함이로다

주 예수의 의로써 완전해진 길을 걸을 것이오
주 하나님의 공의로써 우리가 굳게 설 것이니
복음 그것은 우리를 완전한 길로 행하게 하사
빛으로 이끄시는 여호와 하나님의 음성이로다

이를 행하게 하시는 분은 주 여호와이시오
그 길을 나타내는 자는 예수 그리스도시오
그 길로 이끄시는 분은 내주하는 성령이라
이로써 우리가 완전한 길로 행하게 됐더라

끝맺음 말

하나님께서 구약의 이스라엘 백성들을 애굽에서 이끌어내사 가나안에 이르게 하셨으나 광야에서부터 시작하여 이스라엘 백성의 죄악은 끊이질 않았습니다. 그들의 죄는 결국 교만의 끝 의인을 죽이며 가난한 자들을 학대하고 악에 이르러 자녀들을 불살라 버리는 우상숭배에 빠졌습니다. 그렇기에 하나님의 말씀이 계속해서 이스라엘의 백성들에게 회개를 촉구하나 회개치 않음으로 결국 심판이 임하게 되며 구약의 끝에 이르러서는 하나님을 떠나 각자의 길들을 가게 됩니다. 그러나 하나님께서 '선'이시라면 각자의 길이란 결국, 죄와 악의 치리함으로 나아가 심판에 이르는 길일 것입니다. 그렇기에 여호와 하나님께서 우리를 불쌍히 여기사 예수님을 이 땅에 보내셨습니다. 예수님께서 말씀을 전하시며 천국을 알리시나 고난을 받으시고 죽으시어 삼일 뒤에 부활함으로 구원의 길을 주 하나님의 사랑을 우리에게 보여 주셨습니다. 그러나 오늘날에 이르러 하나님의 교회, 여호와, 신천지 등등 하나님의 이름이 이단으로 취급받는 이유는 구약의 이스라엘 백성들의 패역함과 같이 사람의 교만함 때문이며 하나님께서 우리들에게 예수님을 따르는 회개의 길을 주셨기 때문입니다. 우리의 주인이 되신 예수님께서 십자가 고난의 길을 가셨기에 예수 그리스도 우리의 주 하나님 앞에 서게 될 교회와 그리스도의 백성 된 성도들의 고난은 성경과 세계 교회 역사가 증명하듯 교회와 예수 그리스도를 믿는 성도에게 직면한 실제일 것입니다.

성경에서 밝히는 바 마지막 때에 큰 환란이 있을 것이라 말씀하셨습니다. 마지막 때에 성도들에게 주어지는 고난 곧 환란은 성도들의 마음을 낮추사 거짓된 심령을 돌이키며 회개에 이르러 예수 그리스도를 바라게 하시는 하나님의 사랑이시며 구원이심을 알려드립니다. 환란이 없었으면 하나 선과 악은 서로 양립할 수 없기에 그리고 시작에서 끝으로 가고 있기에 모든 것이 여호와 하나님의 섭리 안에서 나누어질 것입니다. 시작과 계획 실행과 결과 계획을 이행하는 실행하는 과정에 있어 의견이 서로 부딪히고 충돌하는 과정은 있을 수밖에 없습니다. 이러한 과정은 우리가 하나님을 알지 못해 발생하는 국가 간의 충돌 또는 국가 안에서의 분쟁 교회와 세상 간의 양립할 수 없는 이념 등이 되지 않을까 싶습니다. 모든 것이 대립하여 부딪히고 충돌하기 때문에 우리의 길 구원은 선과 악 모든 것을 감싸 안음으로 예수님께서 가신 십자가 믿음의 길에 있음을 알려드리며 '예수 그리스도' 시집을 마칩니다.

예수 그리스도

ⓒ 김휘건, 2025

초판 1쇄 발행 2025년 5월 9일

지은이	김휘건
펴낸이	이기봉
편집	좋은땅 편집팀
펴낸곳	도서출판 좋은땅
주소	서울특별시 마포구 양화로12길 26 지월드빌딩 (서교동 395-7)
전화	02)374-8616~7
팩스	02)374-8614
이메일	gworldbook@naver.com
홈페이지	www.g-world.co.kr

ISBN 979-11-388-4251-8 (03230)

- 가격은 뒤표지에 있습니다.
- 이 책은 저작권법에 의하여 보호를 받는 저작물이므로 무단 전재와 복제를 금합니다.
- 파본은 구입하신 서점에서 교환해 드립니다.